**rowohlts monographien
begründet von Kurt Kusenberg
herausgegeben
von Wolfgang Müller**

Astrid Lindgren

mit Selbstzeugnissen
und Bilddokumenten
dargestellt von
Sybil Gräfin Schönfeldt

bildmono ro ro ro graphien

Rowohlt

Dieser Band wurde eigens für «rowohlts monographien» geschrieben
Den Anhang besorgte die Autorin
Herausgeber: Klaus Schröter
Mitarbeit: Uwe Naumann
Assistenz: Erika Ahlers
Schlußredaktion: Volker Weigold
Umschlaggestaltung: Werner Rebhuhn
Vorderseite: Astrid Lindgren, 1984
Rückseite: Inger Nilsson als Pippi Langstrumpf

Veröffentlicht im Rowohlt Taschenbuch Verlag GmbH,
Reinbek bei Hamburg, November 1987
Copyright © 1987 by Rowohlt Taschenbuch Verlag GmbH,
Reinbek bei Hamburg
Alle Rechte an dieser Ausgabe vorbehalten
Satz Times (Linotron 202)
Gesamtherstellung Clausen & Bosse, Leck
Printed in Germany
1090-ISBN 3 499 50371 9

6. Auflage. 27.–29. Tausend Februar 1993

9316317

Inhalt

Astrid Lindgren, um 1985

Die Herkunft

Astrid Anna Emilia Lindgren wurde am 14. November 1907 als Astrid Ericsson auf Näs in Småland geboren, eine Bauerntochter, die so aufwuchs, wie es damals für Bauerntöchter üblich war.

Astrid Lindgren gehört zu den bekanntesten Kinder- und Jugendschriftstellern. Kinder lesen und lieben ihre Bücher fast auf der ganzen Welt, und sie hat bewirkt, daß Erwachsene wissen, was Kinderliteratur ist. Ihre Bücher lösten so intensive Zustimmung wie heftige Kritik und Empörung aus, manchmal Jahrzehnte nach dem Erscheinen noch einmal und wieder aus anderen Gründen. Astrid Lindgren wurde früh schon mit hohen Ehren und internationalen Preisen ausgezeichnet, 1958 mit der Hans-Christian-Andersen-Medaille, die man auch als den kleinen Nobelpreis für Kinderliteratur bezeichnet.

Sie hat zum Sturz einer schwedischen Regierung beigetragen, sich noch mit fast achtzig Jahren auf die Seite der Atomkraftgegner gestellt und ihre Kritiker vor allem dadurch verwirrt, daß sie sich unberechenbar, sanft und entschieden stets von Fall zu Fall und niemals ideologisch entschieden hat, mit einer Ausnahme: wenn es um Kinder und ihr Lebensglück geht, steht sie mit ungeschützter Offenheit auf ihrer Seite. Ein erstaunliches Leben, das Leser, Verehrer und Kritiker oft fragen ließ: Was steckt dahinter? Woher kommt die Kraft und Gelassenheit? Was ist das Geheimnis dieser Frau? Astrid Lindgren hat bereitwillig und immer wieder geduldig auf das entschwundene Land ihrer Kindheit hingewiesen, mit dem sich scheinbar alles geradewegs und sinnfällig erklären läßt. Da steht das rote Haus, da öffnet sich die Tür, der Besucher sieht Bank und Bett und Kletterbaum, und es gibt noch den Holzschuppen, in dem *Michel* – im schwedischen Original heißt er *Emil* – seine Männchen schnitzte. Das alles verlockt dazu, dem Glauben zu schenken, was man sieht, und Astrid Lindgren hat dadurch stets von ihrer Person abgelenkt und sich die Ruhe verschafft, die sie zum Schreiben brauchte und braucht. Was ist das nun, dies entschwundene Land, und woher stammt Astrid Lindgren?

Meine Kindheit erlebte ich in einem Land, das es nicht mehr gibt[1]*, schrieb Astrid Lindgren in dem Bericht über ihre Herkunft und die

* Die hochgestellten Ziffern verweisen auf die Anmerkungen S. 139 f.

lebenslange Liebesgeschichte ihrer Eltern. Sie begann 1888, als Samuel August Ericsson von Sevedstorp, dreizehn Jahre alt, während der Schulprüfung im Gemeindehaus von Pelarne ein Mädchen mit Stirnfransen neben dem eisernen Ofen sitzen sah. Das war Hanna Jonsson aus Hult, neun Jahre alt. Sie konnte alle Fragen des Lehrers beantworten, und Samuel August verliebte sich auf der Stelle in sie. Doch da für ihn nach dieser Prüfung die Schule ein Ende hatte, führte dieser Blick zu nichts. Samuel August mußte sich zuerst mit seinen Brüdern auf den väterlichen steinigen Äckern abrackern, und da *das kleine Anwesen nicht groß genug war, sie alle vier zu ernähren*, wurde er, als er achtzehn geworden war, zu seinem Onkel Per Otto auf den Hof geschickt. Der junge Knecht verdiente 60 Kronen im Jahr, hatte die Wintermonate frei und besuchte in dieser Zeit die Volkshochschule in Södra Vi. 1894 unternahm er *eine Wanderung, die über sein Leben entscheiden sollte*, und auch über das seiner späteren Kinder. Er machte sich an einem Samstag im August nach seiner Arbeit und zu Fuß auf den 20 Kilometer langen Weg nach Hause und kam gegen Mitternacht an. *Da lag seine Mutter auf den Knien und scheuerte die Küchendielen, aber Ida von Sevedstorp war lange Arbeitstage gewohnt.* Der Grund dieses Gewaltmarschs: Samuel August hatte beim Onkel gehört, daß *ab Frühjahr der Pfarrhof Näs bei Vimmerby zu pachten sei*, und der Onkel hielt Samuels Vater mit all seinen Jungens für denjenigen, der am besten dafür geeignet war. Und obgleich die Familie den Vorschlag zuerst verrückt fand und fragte, woher sie denn das Geld für Vieh und Geräte für diese Landwirtschaft nehmen sollten, geschah es genauso, wie es der junge Knecht in seiner Sehnsucht nach Unabhängigkeit und sinnvoller Arbeit gewollt hatte. 1895 zog das Ehepaar Ida und Samuel Johan Ericsson mit zwei Ochsenkarren von Sevedstorp nach Näs, was Nase bedeutet, Landzunge. *Es liegt ganz flach, wir hatten als Kinder keinen Hang zum Schlittenfahren …*[2]

1895 hatte das Königreich Schweden eine Bevölkerung von 4,9 Millionen Menschen. Auf dem Lande lebten 3,9 Millionen und in den 92 Städten die restlichen knapp eine Million Personen. Auch in Schweden begann man, einen Rückgang der Landbevölkerung zugunsten der Städte zu registrieren, aber nur zwei Städte hatten über 100000 Einwohner: Stockholm fast 300000, Göteborg knapp über 100000. Sechs weitere Städte wiesen zwischen 20000 und 50000 Einwohner auf, 21 zwischen 5000 und 10000. Ein Land also der Einödhöfe, der Dörfer und Kleinstädte.

Die durchschnittliche Lebensdauer der Bevölkerung war länger als in allen anderen europäischen Ländern, und die Dichte der Besiedlung dünner. Im Norden lebte auf einem Quadratkilometer Grund und Boden ein einziger Schwede, im Süden, in Schonen, waren es achtzig. Die Landwirtschaft beschäftigte noch die Hälfte der Bevölkerung, aber nur auf 12 Prozent der Landfläche. Fels und Wald nahmen den größten Platz ein. Die

Samuel Johan und Ida Ericsson

330000 Anbaustellen wurden in überwiegendem Maße von Besitzern betrieben: 85 Prozent gegen 15 Prozent Pächter. Und nicht nur Samuel August, *das Knechtlein*, wanderte im Winter durch Schnee und Eis zur Volkshochschule, die Volksbildung hatte allgemein einen hohen Stand, und auch in den entlegensten Gegenden wurden das Lesen und Schreiben gelehrt.

1895 war Schweden noch eine mit Norwegen unter demselben Oberhaupt stehende, durch den Reichstag beschränkte Erbmonarchie. Ein König stand an der Spitze, der sich zur evangelisch-lutherischen Kirche bekennen mußte. Er ernannte den Staatsrat aus zehn Personen, während sich der Reichstag aus 230 vom Volk gewählten Abgeordneten zusammensetzte.

Die vier Brüder Ericsson: Axel, Samuel August, Linnert und Albin

Erst 1905 löste sich die schwedisch-norwegische Union durch eine Volksabstimmung in Norwegen und den Verzicht Oscars II. auf die norwegische Krone auf. Oscar starb 1907, in dem Jahr, in dem Astrid Ericsson geboren wurde, und sein Nachfolger war Gustav V., König von Schweden, der mit Victoria von Baden verheiratet war, einer Enkelin des ersten deutschen Kaisers Wilhelm I.

Das Wahlrecht besaß in Schweden nur, wer Grundbesitzer war oder so viel verdiente, daß er im Jahr mindestens 800 Kronen Steuern zahlte. Das traf auf 300 000 Personen zu, auf 25 Prozent der erwachsenen männlichen Bevölkerung.

Doch 1897 zogen die Socialdemokraten in den Reichstag ein, und Samuel August wuchs in eine Zeit hinein, in der gerade das «ungehobelte

Landvolk», wie er später immer wieder befriedigt sagen würde, seine politische Verantwortung voll und ganz wahrzunehmen begann.

Näs liegt in Småland, *und Småland ist eine von Schwedens südlichsten und kärgsten Landschaften. Es ist dort waldig, wild und schön, das Land ist voller kleiner Seen, Hagen und steiniger magerer Äcker, und man pflegt zu sagen, daß ein Småländer, der mit seiner einzigen Ziege auf einer Klippe im Meer landet, es trotzdem schafft*[3].

Wie das Pfarrhaus in Näs damals ausgesehen hat, kann man auf einem kleinen Gemälde sehen, das heute noch dort hängt: ein rotgetünchtes Holzhaus zwischen Kastanien, Ulmen und Linden, auf drei Seiten von Obst- und Küchengärten umgeben. Näs war schon seit dem Jahre 1411 Pfarrhof, aber das Haus, im 18. Jahrhundert erbaut, enthält nur drei Kammern und eine Wohnstube, so daß es den Pastoren im 19. Jahrhundert zu eng wurde und sie ein größeres Haus gebaut bekamen. Seitdem diente das rote Haus als Pächterwohnung. Die Veränderungen zwischen 1895 und heute betreffen weniger diese beiden Gebäude als vielmehr die Umgebung, *der kleine Pfad ist verschwunden, der Bach mit den Sumpfdotterblumen fort... das Waschhaus steht nicht mehr...*[4] Das Städtchen Vimmerby ist über den einsamen abgelegenen Hof von einst hinweggewachsen, und wo der unbefestigte Weg endete, führt eine Ausfallstraße aus Vimmerby vorbei. Aber noch ist etwas erhalten und gibt Zeugnis von der Vergangenheit: *Meine Vorfahren sind alle ohne Ausnahme Småländer Bauern gewesen. Welche Steinmassen haben sie aus ihrer unfruchtbaren Erde gerissen, und wie konnten sie arbeiten! Noch immer gehe ich manchmal hin und sehe mir die lange Einfriedungsmauer an, die meine Großmutter mit ihren Händen aufgerichtet hat.* Im schwedischen Original dieses Artikels steht noch dieser Satz, nicht ohne Stolz: *Ich habe nur Bauernblut in meinen Adern.*[5]

Samuel August arbeitete nun für seinen Vater und lebte in einem anderen Kirchspiel als Hanna aus Hult. Doch da es zu den Aufgaben des Pächters gehörte, den Pfarrer zu seinen Amtshandlungen und Predigten im ganzen Sprengel herumzukutschieren, und Samuel August der Kutscher war, sah er sein Mädchen hin und wieder, schrieb ihr Postkarten, widerstand dem Angebot einer alten Heiratsvermittlerin, eine reiche Erbin zu nehmen, und traf schließlich, 1902, Hanna auf einer Hochzeit in Gebo. Damals, meint Astrid Lindgren, muß ihre Mutter begriffen haben, wie es um den Vater stand. Er war so verliebt, daß er bei den nächsten Treffen im Jahre 1903 sogar Tee trank, den keiner von beiden eigentlich mochte, aber *sie hielten Tee wohl für ein wenig feiner als Kaffee und wollten ja um jeden Preis einen guten Eindruck aufeinander machen*[6]. Der Entschluß zum Heiraten reifte jedoch besonders bei Hanna nur langsam. Erst 1905 tat sie das Klügste, was sie tun konnte, und heiratete Samuel August. Er hatte unterdessen vom Vater die Pfarrhofspacht übernommen und Hanna aus Hult *eine Stellung bei der Majorin auf Mossebo angenommen, der*

11

Jonas Petter und Lovisa Jonsson

Standesperson des Kirchspiels, vermutlich, um sich feine Manieren zuzulegen. Nach der Hochzeit am 30. Juni 1905 mußte Hanna noch vierzehn Tage bei ihren Eltern Jonas Petter und Lovisa Jonsson in Hult bleiben, *um die große Wäsche und das Reinemachen nach der Hochzeit zu besorgen.* Tüchtig und fleißig war die junge neue Bäuerin auf Näs auf jeden Fall. Sie kann *Kühe melken und ein Pferdegespann lenken, weben und alles was zum Schlachten gehört, sie kann Käse bereiten und spinnen und backen, und sie kann ohne Unterlaß schaffen und das Gesinde anleiten, als hätte sie nie etwas anderes getan.* Von der Mutter, *Lovisa mit den sanften Händen,* die den Frauen im Kirchspiel bei der Entbindung half, hatte sie gelernt, sich auch der Armen und Elenden anzunehmen, und Astrid Lindgren fügt trocken hinzu: *Deren es viele gibt.*

Samuel August gründete unterdessen eine Genossenschaftsmolkerei, *ferner einen Zuchtverein für Stiere und einen für Hengste... In vielem ein Wegbereiter und überdies ein kundiger Viehzüchter, Ackerbauer und Flursäuberer. Zu seiner Zeit wurden von den Äckern und Feldern von Näs 820 Steinhaufen beseitigt und 10000 Steine ausgegraben und fortgeschafft.* Wahrscheinlich schleppte er nur wenige eigenhändig davon, wofür auch die Antwort spricht, die ihm sein Sprößling einmal gab, als er ihn in erzieherischer Absicht dazu anhielt, ein paar Steine vom Acker zu tragen. Das wollte der Vierjährige nicht, und da sagte sein Vater: «Na ja, dann bleiben sie eben liegen, und dann mußt du sie wegschaffen, wenn du selber mal Bauer hier bist.» – «Nee», antwortete ihm das Knäblein, «dazu habe ich dann Knechte.»

Dieses *Knäblein*, Gunnar, wurde 1906 geboren, *doch dadurch ließ sich Hanna in ihrer Arbeit nicht sonderlich hindern.* Als sie erfuhr, daß ihre Schwester krank zu Bett lag, mußte sie sich mit eigenen Augen überzeugen, wie es um sie stand. Sie spannte das Pferd an, fuhr zu ihr, trank dort Vormittagskaffee und fuhr dann mit dem Knaben wieder heim. Der Knabe war «gesund und brav», wie sie ihrer Mutter schrieb, und «für gewöhnlich schläft er noch eine gute Weile, nachdem ich in der Frühe vom Melken zurück bin».

1907 wurde Astrid geboren, die erste Tochter, der noch zwei weitere folgten, 1911 Stina und 1916 Ingegerd, die kleine Nickon, wie sie von der Mutter genannt wurde. Vier Kinder also, und *nun muß ihre Mutter aus Hult zuweilen einspringen, damit sie einmal ein bißchen verschnaufen und dieses und jenes erledigen kann wie das bevorstehende Schweineschlachten.*

Anfangs war Astrid sehr mit dem Bruder verbunden, *auch noch in den Schuljahren. Später mehr der vier Jahre jüngeren Schwester*[7]. Für die kleine Nickon jedoch war Astrid eine Art Mutter, um so mehr, als Stina ziemlich streng mit der jüngsten Schwester umging.

Das waren also die ersten Spielkameraden, die Geschwister. Gunnar, einziger Bruder und *sehr begabt*, wurde später der dritte Ericsson-Pächter auf Näs, Maler und Politiker. Er war schon da, als Astrid ihre Umwelt wahrzunehmen begann, und er blieb, bis Stina soweit war, der erste und einzige Spielkamerad. *Wir haben alles zusammen gespielt.* Und wenn sie abends ins Bett gesteckt wurden, bohrte Gunnar den Schädel ins Kissen und spielte *ein Spiel im Kopf:* Er dachte sich rote, grüne, weiße und schwarze Wesen aus, die sich gegenseitig bekriegten und von denen einige fliegen konnten. *Er hat es nie geschafft, mir die Spielregeln klarzumachen.* Das hat Astrid Lindgren Jahre später in einigen ihrer Bücher nachgeholt. Wenn die Geschwister morgens aufwachten, erzählten sie sich gegenseitig ihre Träume, wobei der eine immer ungeduldig darauf wartete, daß der andere eine Pause machte, um selber erzählen zu können. Ein Spiel hieß: Fliegen können wollen.

Der Vater: Samuel August Ericsson

So verbanden sich für Astrid Lindgren die meisten Kindererinne-
rungen mit Gunnars Person, und er wurde ebenso wie sein Vater das Vorbild für alle unternehmungslustigen und unerschrockenen Bauernjungen
in den Geschichten, die in Småland spielen.

Stina heiratete 1939 den Schriftsteller Hans Hergin, Inge, wie Ingegerd
meist genannt wurde, ist seit 1938 mit Ingwar Lindström verheiratet. Zu
diesen beiden jüngeren Schwestern gesellte sich eine dritte Spielkamera-
din: Gunhild Norman, Gunnars spätere Frau, 1906 geboren, aus einer
Gemeinde bei Vimmerby, war ein Lehrerskind und ging mit den Erics-
son-Kindern in die Schule. Sie gehörte von Anfang an zu ihnen. *Wir trafen
uns überall*, sie war ein eher stilles Mädchen, das jedoch, *ohne es zu beab-
sichtigen, eine große Wirkung auf andere ausübte.* Gunhild hatte vier Geschwister, war also die Spielregeln einer Familie gewohnt, und Astrid
liebte sie wie eine Schwester. Gunhild zog nach der Heirat mit Gunnar

14

Die Mutter: Hanna Jonsson

nach Näs, und ihre drei Töchter spielten eine Generation später wieder so, wie die Ericsson-Geschwister mit Gunhild gespielt hatten.

Nach Gunhilds Tod im Jahre 1984 entdeckte eine dieser Töchter in ihrem Portemonnaie einen Zettel mit den Worten: «Telefongeld von Astrid. Damit ich sie anrufen kann, wenn es mir nicht gutgeht.»

Näs vor dem Ersten Weltkrieg: das war ein Leben im Pferdezeitalter, ohne Autos, Telefone und Elektrizität. Es gab Leitungswasser, das aber gepumpt werden mußte. In der Küche stand der große, eiserne Herd, der mit Holz geheizt wurde. *Wenn wir spielten, flackerte nur das offene Kaminfeuer. Wir hatten keinen Kachelofen. Im Winter saßen wir vorm Abendfeuer und schnitten unsere Papierpuppen aus. Wenn das Feuer erlöschte, war es eben aus.* Dann ging es ins Bett, aber nicht in ein Schlafzimmer, denn das Alltagszimmer war auch Schlafstube, und in diesem Alltagszimmer schliefen die Kinder, solange sie klein waren. Im Bett rechts vom Fenster der Vater mit einem Kind, auf der Sofabank die Mutter mit dem Jüngsten. Ein Kinderbett stand neben dem Vaterbett, und *Gunnar und ich, wir schliefen abwechselnd beim Vater oder im Kinderbett.* Astrid haßte das Kinderbett. *Da lag man mitten im Zimmer, nackt und schutzlos ausgeliefert – dem Teufel, der hinter dem Spiegel der Frisierkommode hauste.* Immer gab es abends Streit, wer beim Vater liegen durfte, und Astrid hatte oft das Gefühl, zu Unrecht um das Behagen und das Glück gebracht zu werden, sich in der Kuhle zwischen der Wand und dem Federbett in Sicherheit wiegen zu können.

Später zogen die Mädchen in die ehemalige Kammer des Großvaters, und Gunnar kam in die andere, die Webstube, in der auch ein Bett stand, und der Webstuhl, auf dem Haustuche und Flickenteppiche aus Stoffresten gewebt wurden. Hanna aus Hult war morgens als erste auf den Beinen. Sie ging zu den Hühnern und fütterte sie, und wenn sie zurückkam, *mußten wir aufgestanden sein, aber das waren wir nicht immer! Es war noch so früh! Ja, es ging auch immer früh ins Bett, aber im Winter war es morgens noch so kalt!* Waschen: kein Badezimmer, sondern die Schüssel auf der Waschkommode in der Stube. *Wir hatten ein altes Waschhaus, das man zwar Brauhaus nannte, das wir aber für die große Wäsche benutzten. Da wurden die Kinder im Winter und Sommer gebadet,* einmal in der Woche. Sonst schaffte man die runde Kupferwanne in die Küche. Dort machte die Mutter jeden Morgen Feuer und kochte die Frühstücksgrütze. Dazu gab es Milch, manchmal Kakao. Die Familie aß mit dem Gesinde zusammen, aber die Knechte bekamen grobe Wurst und Speck. Astrid liebte es, wenn sie ein Stück Schwarte abbekam und darauf herumkauen konnte. *Das schmeckte!*

Das Essen in Näs war so einfach, wie es Anfang des Jahrhunderts für die bäuerliche Küche in fast ganz Europa typisch war: wenn es auch nicht mehr nur vier oder fünf Fleischtage im Jahr gab, so kam Fleisch doch selten auf den Speisezettel. Man aß, was angebaut wurde, also *alle möglichen Grützen,* die Früchte von Garten und Wald oder besser: Hage, die reich an Wildbeeren waren. Dazu kam das, was die Hausfrau aus der Milch machte, Quark und Käse. Das war eine karge, aber sehr gesunde Kost. Abends *gabs oft Hering, roh eingelegt, manchmal Spinat mit Mehl und Milch – das fand ich scheußlich!* Aber die Mutter bestand nicht darauf, daß gegessen wurde, was auf den Tisch kam. *Wenn es etwas gab, was wir nicht mochten, aßen wir Butterbrot.*

Zu den großen christlichen Feiertagen jedoch wurde der Tradition nach üppig aufgetischt, was in wochenlanger Vorbereitung gekocht und gebakken wurde. Die Mutter backte alle vierzehn Tage Brot und zu Weihnachten drei verschiedene Sorten: dunkles Roggenbrot, das man bis Ostern aufheben konnte, Sirupbrot und runde Graubrote, halb Weizen, halb Roggen. Sie wurden in Holzkisten aufgehoben, ebenso wie der selbstgemachte Käse im Bod, im Schuppen. Diese Schuppen spielen in vielen

Geschichten von Astrid Lindgren eine wichtige Rolle. Sie gehören zu den alten schwedischen Bauernhöfen, auch vor Astrid Lindgrens Haus auf Furusund steht ein Vorratsschuppen, und neben dem roten Haus in Näs reiht sich Bod an Bod zu einer langen Zeile: ein Schuppen für Brennholz, einer für Getreide, für andere Vorräte, und am Ende die Werkstatt, die bei anderen Höfen auch die Schmiede sein kann. Das kleine Haus zum Räuchern steht separat.

Und unter einem Schuppendach die Spielstube. Eine Leiter führte hinauf, und der selbst im Sommer dämmerige Raum gehörte ganz und gar den Kindern. Puppengeschirr auf den Giebelbalken, gemütliche kleine Winkel aus Kisten und Kasten gestellt, Holzfiguren dazwischen, Pappmachétiere, alte Flickenteppiche wie bunte Inseln auf dem Bretterboden, verblaßte Bilder aus Illustrierten an der rohen Holzwand, dort ein Stapel Bilderbücher in den matten Druckfarben der Jahrhundertwende, ein Karton mit ausgeschnittenen Papierpuppen, ein vertrockneter Strauß in einem Marmeladenglas, ein Bollerwägelchen dazwischen, ein alter Ranzen. Ein Paradies für Regentage und im Winter, obgleich der Wind durch die Ritzen gepfiffen haben muß und es weder einen Ofen gab noch ein Fenster, das richtig schloß. Aber durch die verstaubte Bodenluke sah die Welt geheimnisvoll fern aus, und wer den Bodenraum betrat, konnte überall zu spielen beginnen oder weiterspielen. Alles konnte so liegenbleiben, wie es die Kinder beim vorigenmal verlassen hatten, und wartete nur auf sie, wartete auch geduldig auf die nächste Generation. *Und wir spielten und spielten und spielten, so daß es das reine Wunder ist, daß wir uns nicht totgespielt haben. Wir kletterten wie die Affen auf Bäume und Dächer, wir sprangen von Bretterstapeln und Heuhaufen, daß unsere Eingeweide nur so wimmerten, wir krochen quer durch riesige Sägemehlhaufen, lebensgefährliche, unterirdische Gänge entlang, und wir schwammen im Fluß, lange bevor wir überhaupt schwimmen konnten.*[8] Jede Seite der *Kinder von Bullerbü* ist ein Denkmal dieser Welt, auf jeder Seite werden Spiele, Verhaltensformen, Erlebnisse, Gefühle beschrieben, die so sehr zum Begriff «glückliche Kindheit» verschmelzen wie nichts anderes auf dem Gebiet der Kinderliteratur.

Mutter Hanna regierte diese Kinderwelt gleichzeitig streng und lässig: *Unsere Kindheit war ungewöhnlich frei von Rügen und Schelte. Daß unsere Mutter nicht mit uns zankte, mag daran gelegen haben, daß man ihr meistens gleich gehorchte, wenn sie etwas anordnete.* Und natürlich auch daran, daß eine vielbeschäftigte Bauersfrau gar nicht so viel Zeit hatte, sich um individuelle Erziehung zu kümmern. Aber *sie war es, die uns erzog, und ich kann mich nicht entsinnen, daß Samuel August sich da je eingemischt hätte.* Diesem Vater war Astrid besonders zugetan. *Ich habe immer wieder Menschen getroffen, die ihn gekannt haben und die mir bestätigten, was für ein guter Mensch er war*[9] – zärtlich, unbefangen zärtlich mit seiner Frau, mochten die Kinder auch zuschauen. Er herzte sie, wenn er heimkam, er küßte sie auf die Wange und den Hals, *einen zärtlicheren Bauern hat es nie gegeben... Nie wurde er es müde, ihr zu zeigen, wie glücklich er über sie war und wie staunenswert er es fand, daß es sie in seinem Leben und in seinem Haus gab. War er draußen oder sonstwie fortgewesen und entdeckte sie beim Heimkommen nicht augenblicklich, dann gab es für ihn nur die eine wichtige Frage: «Wo steckt mein Weib?»*[10] Des Vaters Gestalt wandert durch viele Bücher der Tochter, eine Gestalt absoluter Zuverlässigkeit, die auch in *Mio, mein Mio*, dem Märchen vom Vater, mit wenigen Charakterzügen, ja mit wenigen Worten auskommt. Aber wie der Märchenkönig so vermittelt der Wirklichkeitsvater in *Kalle Blomquist* vor allem Sicherheit und Zuflucht. Nach dem Mord, den die Kinder in diesem Roman miterleben, rennt Eva-Lotte heim, *und dort ist Vater. Er ist groß und ruhig wie immer... Immer derselbe, wenn die Welt auch sonst häßlich und verändert ist, wenn es auch unmöglich geworden ist, in ihr noch zu leben. «Vater, lieber guter Vater! Hilf mir...»*[11]

Er ist imstande zu helfen: ja. Aber er ist nicht allmächtig. Mios Vater kann dem Sohn die Prüfungen, bei denen es um Tod und Leben geht, nicht abnehmen. Das wird nicht nur niemals erörtert, im Gegenteil: der Vater läßt Mio eigens in seine wahre Heimat holen, damit dieses Spiel um Gut und Böse beginnen kann. Mio, das Kind, ist der Retter wie in allen Romanen der Romantik. Aber nicht die Idee von der Blauen Blume gibt ihm Kraft, sondern das Bewußtsein, daß der Vater ihn so liebt, wie man – laut moderner Kinderpsychologie – sein Kind lieben muß: *Da merkte ich zum erstenmal, daß ich niemals vor meinem Vater, dem König, Angst zu haben brauchte. Was ich auch tun mochte, immer würde er mich mit diesen freundlichen Augen ansehen, so wie er mich jetzt ansah.*[12] Was ich auch tun mochte – nicht die Handlungen, sondern das innerste Wesen, die Person selbst sind Gegenstand der Liebe, und so konnte Astrid Lindgren als alte Frau sagen: *Die heile Welt? Ich glaube nicht, daß ich Bücher bewußt so schreibe, um Kinder glücklich zu machen. Ich schreibe so, weil ich in einer heilen Welt aufgewachsen bin. Ich kann aber nicht von Kindern schreiben, deren Umwelt ich nicht kenne. Sicher,* setzte sie hinzu, *gab es triste Tage. Aber daran kann ich mich nicht erinnern. Wir hatten ja Spielplätze, wir waren immer beschäftigt, hatten die Natur, die uns immer aufgeregt hat, die Jahreszeiten, die immer etwas Neues anzubieten hatten.*[13]

Es war also *schön, dort Kind zu sein*[14], und auf die Frage warum? gab sie folgende Erklärung: *Zweierlei hatten wir, das unsere Kindheit zu dem gemacht hat, was sie gewesen ist – Geborgenheit und Freiheit. Wir fühlten uns geborgen bei diesen Eltern, die einander so zugetan waren und stets Zeit für uns hatten, wenn wir sie brauchten, uns im übrigen aber frei und unbeschwert auf dem wunderbaren Spielplatz, den wir auf dem Näs unserer Kindheit besaßen, herumtollen ließen. Gewiß wurden wir in Zucht und Gottesfurcht erzogen, so wie es dazumal Sitte war, aber in unseren Spielen waren wir herrlich frei und nie überwacht.* Und obgleich die Mutter nicht ohne Härte war, hat sie diese nicht den Kindern gezeigt und nie ohne Grund geschimpft, zum Beispiel *wenn wir mit zerrissenen oder beschmutzten Kleidern nach Hause kamen. Wahrscheinlich hielt sie solche Pannen, die im Eifer des Spiels passieren konnten, für das gute Recht eines Kindes.* Zu diesen Spielfreiheiten gehörte mit der gleichen Selbstverständlichkeit die Pflicht zur Arbeit. Schon mit sechs Jahren wurden die Kinder mit aufs Feld zum Rübenverziehen genommen und mußten Brennesseln für die Hühner rupfen, und wenn später Stadtkinder, Klassenfreunde kamen, um die Ericsson-Schwestern zu einer mehrtägigen Radtour einzuladen, *dann gab es nur ein Nein*, wenn das zum Beispiel mitten in der Roggenernte geschah.

Das Leben meiner Eltern war tatsächlich so, wie ich es beschrieben habe[15], sagt Astrid Lindgren. Es fiel nie ein hartes Wort, und selbst wenn die Mutter streng gewesen ist, so rettete die Freiheit, auch die räumliche Freiheit, in der die Geschwister aufwuchsen, alle miteinander vor den Zusammenstößen, denen Eltern und Kinder in Großstadtwohnungen kaum entgehen können. So prägte sich der kleinen Astrid Ericsson eine Szene ein, als sie mit den Geschwistern und der Mutter schon im Pferdewagen saß, um zur Großmutter zu fahren. Der Vater hatte noch etwas im Haus zu erledigen, der Aufbruch verzögerte sich, und die Mutter wurde ungeduldig und raunzte. *Da bin ich todunglücklich gewesen, weil die Mutter mit dem Vater nicht zufrieden war.*

Oben im roten Haus wohnte Großvater Samuel Johan Ericsson, der in eine der Kammern auf den Dachboden gezogen war, als sein Sohn Samuel August die Pacht übernahm. Die Geschwister liefen oft zu ihm hinauf. *Er gab uns Brustzucker, den hatte er in einer Schublade. Und wenn er keinen Zucker mehr hatte, gab er uns eine religiöse Zeitschrift. Das fanden wir nicht so gut*, aber die Kinder versuchten sich einzureden, daß sie sich über die Zeitung genauso freuten, weil sie spürten, wie gern der alte Mann den Enkeln immer etwas schenken wollte.

Das beste Geschenk ist aber zweifelsohne seine Zuverlässigkeit und seine Stärke gewesen, die Astrid Lindgren später in der Geschichte von den Schafen auf Kapela festgehalten hat. In diesem Märchen ist es die mächtige Stimme des geliebten Großvaters, die den Zwergenzauber bricht und das kleine Mädchen aus der Dunkelwelt wieder ans Tageslicht ruft, *und obgleich Stina Maria Monate und Jahre*[16] bei den Unterirdischen die Schafe gehütet hat, ist *nur ein kleines Weilchen verstrichen, und noch ist die Grütze warm.* Das war also der Großvater, der auch mit der kleinen Astrid den Schafen zugeschaut und *seine kalten Beine in der Sonne gewärmt* haben mochte, während die Enkelin *sich ein Spielstübchen zwischen den Steinen baute und Großvater lauschte, wie er von dem erzählte, was nur die Alten wissen...*

Die Großmutter Ida war zu ihrem Sohn gezogen, zu Astrid Lindgrens Onkel Albin. Er hatte auch eine Bauernstelle, aber keine Frau und

Drei Generationen Ericsson: Samuel Johan, Samuel August und Gunnar

brauchte Hilfe bei Landwirtschaft und Haushalt. So übernahm die Großmutter diese Arbeit, nur für ein paar Jahre, wie sie meinte, während der Großvater dort blieb, wo er den größten Teil seines Lebens verbracht hatte. Doch als die Zeit verstrich, wurde allen klar, daß die Großmutter immer weiter bei dem anderen Sohn gebraucht wurde. Der Großvater wollte aber allmählich wieder bei seiner Frau sein, und die jungen Leute auf Näs brauchten unterdessen Platz für ihre eigenen Kinder. So zog er fort, zur Großmutter. Da weinten alle und liefen dem Wagen noch lange nach. Es war freilich gar nicht so weit zum Hof des Onkels, und *es war ein herrliches Abenteuer, zur Oma zu gehen. Es war ein langer, aber sehr interessanter Weg... Und sie selber eine gütige und liebevolle Frau.*[17] Außerdem: sehr viel mehr Abwechslung als diese Verwandtenbesuche hatten die Ericsson-Kinder ohnehin nicht, aber die Großmutter sorgte dafür, daß es sich immer lohnte, *zu ihr zu fahren. Bei ihr gabs Kirschen und Kirschengesellschaften, sie wohnte auf einem Hügel mit dem Blick auf einen See. Das taucht in meinen Geschichten immer wieder auf, denn wo wir wohnten, war es flach, und wir hatten keinen Hang.* Den vermißte ich sehr, und deshalb schlug ich einmal vor, wir sollten tauschen und umziehen, damit wir einen Hang zum Schlittenfahren hätten.[18] So wie «Sammelaugust», von dem es heißt: *Nicht viele Kinder in Schweden haben Abhänge, wie diese Jungen sie hatten. Die Hütte lag hoch...*[19], so daß die Kinder die waghalsigsten Rennen durch verschneite Hohlwege rodeln konnten.

Die Geschwister bekamen von ihrer Großmutter Ida alles mögliche geschenkt. *1916 gab sie Gunnar eine Gitarre und mir ein dickes schweres Buch, einen Jahrgang der Zeitschrift Idun, vielleicht von 1902. Gunnar ging singend und seine Gitarre spielend heim*[20], die kleine Astrid keuchte mit dem schweren Jahrgangsband in den Armen hinterher, und als sie abends im Bett lag, weinte sie vor Erschöpfung, aber sie hatte das Buch, war selig und las darin jedes Wort, las auch einen Bericht von Dreyfus über seine Verbannung auf die Teufelsinsel. Astrid begriff überhaupt nicht, worum es ging, *aber es hat mich aufgeregt und interessiert. Ich konnte keinen fragen, so blieb das Rätselhafte* und vermittelte dem Kind ein Leseerlebnis, dessen Essenz ihm unvergeßlich blieb: der Reiz des Geheimnisvollen. Zu nüchtern, um selbst in den Alltäglichkeiten des eigenen Lebens eine tiefere Bedeutung zu sehen, sagte sie: *Oma war sicher froh, daß sie das dicke Buch los war.*

In ihren Erinnerungen betonte Astrid Lindgren noch einmal nachdrücklich: *Unsere Vergnügungen waren spärlich*[21], aber allein die Beschreibung der Familienfeste bei der Großmutter Lovisa mit den sanften Händen zeigen, wie alle Einzelheiten genossen wurden: Kremserfahrten durch friedliche Landschaft. Aufregende Begegnungen mit den ersten Automobilen, bei deren knatterndem Getöse der tollkühne Vater die Pferde nicht wie die anderen Bauern in den Wald führte, sondern sie nur an den Zügeln festhielt, damit sie nicht scheuten und durchgingen. Die Ankunft, bei der die Großmutter auf der Vortreppe stand, um die Kinder zu begrüßen. Das Essen, sonst einfach, jetzt Festschmaus, gleich zur Begrüßung Rosinenbrot und Kaffee, und schon waren die Kinder *proppensatt* und verdrückten sich zum Spielen. Aber *prompt kam ein Erwachsener angestürzt und ermahnte uns reinzukommen, denn «nu gibt's Braten». Dieses «nu gibt's Braten» schwebte als ständige Drohung über uns, auch wenn es uns meistens gelang, uns zu drücken, bis die Süßspeise auf den Tisch kam. Ein Stückchen Käsekuchen mit Kompott und Schlagsahne ließ sich notfalls immer noch verdrücken. Aber wir hörten nie auf, über die Großen zu staunen, die, so weit wir das beobachteten, vom ersten bis zum letzten Augenblick nichts anderes taten als essen... Und wenn unsere Mutter und ihre*

Das alte rote Pfarrhaus in Näs im Sommer 1915. Im Vordergrund: Pächter, Knechte, Mägde und Kinder

Geschwister «oh wie selig» anstimmten, dann wußten wir, daß es Zeit für die Heimfahrt war.

In der Geschichte vom *Michel* wird so ein Festschmaus wiederkehren, aber nicht den Satten wird er aufgetischt, sondern den einsamen Alten im Armenhaus. Das wird ein Weihnachtsmahl wie nie zuvor, und obgleich in dieser Geschichte der Michel seine Familie um das gesamte vorbereitete Essen für Familie und Gäste bringt, fällt kein Wort des Vorwurfs. Die Mutter erkennt das Gute des Bubenstreichs und kocht halt Grütze.

Zu den Eltern, den Großeltern und den Spielkameraden kamen die Knechte und Mägde, ohne die eine Landwirtschaft damals nicht möglich gewesen wäre. *Die Knechtekammer bei uns war eine Giebelstube über der Tischlerwerkstatt. Dort standen zwei Ausziehbetten, wo sich bisweilen vier Knechte, so gut es nur ging, den Platz teilen mußten. Die Magd oder die Mägde – oft waren es zwei – schliefen im Winter auf der Ausziehbank in der Küche und im Sommer oben auf dem Dachboden in einem Klappergestell von Bett, das wir die Schubse nannten. Einen Winkel, der ihnen allein gehörte, hatten sie nicht... Viele der Knechte und Mägde meiner Kindheit waren ja in einem Alter, da sie schon ein eigenes Heim hätten haben müssen und eigene Kinder...* Aber in Schweden wie in Deutschland gab es noch die sogenannte unverheiratete Gesellschaft. Die Mehrzahl der Männer und Frauen konnte es sich aus den verschiedensten Gründen nicht leisten zu heiraten und arbeitete in abhängiger Stellung, oft bei Verwandten. *Nicht nur die Mägde waren kinderlieb, die Knechte waren es oft nicht minder.* Sicher kann man das nicht verallgemeinern, aber ebenso sicher hat die emotionale Bindung zu Hauskindern zu dem wenigen gehört, was dem Gesinde das Leben erträglich machte. Sie mußten sich *mit den Kindern des Hofs begnügen, und nicht selten wählten sie sich eins aus der Schar aus, das sie besonders ins Herz schlossen und mit kleinen Gaben bedachten, wohl um das Gefühl zu haben, jemandem etwas zu bedeuten.*

Besonders viel bedeutet hat eine von ihnen der fünfjährigen Astrid Ericsson: Edit, die Tochter von Kuhgöbbe, dem Stallknecht, und ihre Mutter Kristin. Edit war eine Schulkameradin von Gunnar, *eine Meisterin im Spielen und Erzählen*[22], und Astrid, Gunnar und sie haben viel miteinander gespielt, entscheidend jedoch war das, was in Kristins Küche geschah: Edit las Astrid von der Fee Viribunda und vom Riesen Bam-Bam vor *und versetzte meine Kinderseele dadurch in Schwingungen, die bis heute noch nicht ganz abgeklungen sind. In einer seit langem verschwundenen, armseligen kleinen Häuslerküche geschah dieses Wunder, und seit jenem Tage gibt es für mich in der Welt keine andere Küche. Lese*

*Gunnar, Astrid, Edit, die Tochter von Kuhgöbbe,
und Anne-Marie, die Enkelin des Pfarrers*

ich von einer Küche oder schreibe ich selber etwas, das sich in einer Küche ereignet, so spielt sich dies ewig und unveränderlich bei Kristin ab...[23] Edit mußte sich diese Bücher in der Schule ausgeliehen haben, denn Häuslersleute besaßen keine Bücher, Bauersleute aber auch nicht, und je mehr Edit vorlas, desto größer wurde Astrids Lesehunger, und sie verschlang und sammelte alles, was ihr in die Hände fiel.

Mindestens so wichtig wie Edit war für Astrid, Stina und Gunnar der Großknecht und Pferdebursche Pelle, ein Vetter des Vaters, der in Wirklichkeit Petrus Larsson hieß und als mutterloser Vierzehnjähriger auf den Hof gekommen war. *Und dort blieb, so lange er lebte.*[24] Er hatte als Husar gedient und war weit und breit für seine Fähigkeit berühmt, mit kitzligen Hengsten und anderen Pferden umzugehen, die sich nicht beschlagen ließen.

All diese Männer und Frauen gingen später in Astrid Lindgrens Geschichten ein, und zwar von Anfang an. In einem ihrer ersten Bücher stellte sie gleich Johann, den Stallknecht in Lillhamra, mit folgender Tagebucheintragung ihrer Hauptperson Kerstin vor: *...ich wußte noch nicht, daß er einer meiner allerbesten Freunde werden würde.*[25]

An Alfred, dem Knecht auf Katthult, machte Astrid Lindgren die Rolle des Miterziehers der Hofkinder besonders klar. Alfred weiß instinktiv, wie man mit einem Kind leben muß. Er *gefiel Michel*, der sonst nichts als Unsinn im Kopf hat, *warum, weiß keiner.* Die Autorin löst dieses scheinbare Geheimnis, indem sie weitererzählt: *Sie hatten ihren Spaß, und von Alfred lernte Michel allerlei Nützliches, wie man ein Pferd anschirrt und wie man Hechte in Schlingen fängt und wie man Tabak kaut.*[26] Die Arbeit, die gemeinsame Arbeit beschäftigt das Kind total: Körperkräfte, Geist und Phantasie. Man hat «seinen Spaß» dabei, weil auch das Kind schon sieht, daß ihm etwas Brauchbares gelingt, und inmitten des Sinn- und Zweckhaften steckt das Tabakkauen, das Unnütze. So lernte ein Kind mit einem Erwachsenen, den es liebt, und daraus ergibt sich auch ein Einverständnis mit dem Leben.

Der Hof war das Herz und das Zentrum dieses Kinderlebens, wie für Michel so für Astrid. Schon der Weg zum Pfarrhof, an Winterabenden stockfinster, war ein Ort von Spuk- und Schauergeschichten, wo die Schwarze Frau gespenstern sollte. Und rundum in den Hütten und Katen wohnten Leute, *die dem Leben eines neugierigen Kindes Farbe und Saft und Kraft verleihen*[27] konnten. Gingen sie nur ein Stückchen durch den Wald, schon stießen die Kinder auf kleine Häuschen mit Alten und Armen, mit Bösen und Guten, mit *Hexen* und *Kaffeeweibsen*, mit einer *Jungfer Untugendsam* und *Jämmerlingen*, und es fehlten auch die Armenhäusler und die Landstreicher nicht. Auch sie wanderten später durch viele Geschichten, wurden mit aller Selbstverständlichkeit zu den anderen Personen der bäuerlichen und kleinstädtischen Gesellschaft gereiht und bestimmten wie Leitfiguren den Charakter poetischer Gefilde: *Vor langer Zeit, in den Tagen der Armut, gab es noch Armenhäuser im ganzen Land, in jedem Kirchspiel eins.*[28] Näs und seine Bewohner wurden das weltberühmte Vorbild für die *Kinder von Bullerbü* und alle dazugehörigen und nachfolgenden Geschichten, die ab 1947 erschienen und in ähnlich überschaubaren Lebensräumen spielten. So, stellte sich später heraus, wollen Menschen, vor allem Kinder leben. Das und nichts anderes ist das Abbild und Inbild ihrer tiefsten, verzehrenden Sehnsucht nach der eigenen verlorenen Kindheit. Und diese Sehnsucht kennt offenbar weder nationale noch ethnische oder kulturelle Schranken. Bullerbü ist die Heimat der Kinder, gleichgültig wo sie in Wirklichkeit leben. Kinder schrieben Astrid Lindgren Briefe: Sag mir, wo Bullerbü liegt, denn wenn ich dort nicht sein kann, muß ich sterben. Eltern schrieben an Astrid Lindgren: Sag uns gleich, welche Stadt Bullerbü ist, sonst müssen wir mit unseren Kindern durch ganz Schweden fahren und es suchen.[29]

Stadt und Land haben im übrigen dafür gesorgt, daß man tatsächlich eine Art von Lindgren-Landschaft in Vimmerby vorfinden kann, wenn man in einem säuberlichen «Sagolandet», einem «Museums-Märchenland», seine Träume wiederfindet. Diese Sehenswürdigkeit, am Stadtrand von Vimmerby, ein paar Minuten von Näs entfernt, von Juni bis August zwischen 10 und 19 Uhr geöffnet, zeigt eine rosa-gelbgestrichene «Villa Villekulla», wie «Villa Kunterbunt» im Original heißt, Emils (wie Michel in Schweden heißt) «Katthult» und Madickens «Junibacken», also: «Birkenlund» im Miniatur-Maßstab 1:3. Wem es nicht ausreicht, auf kilometerlangen Promenadenpfaden durchs Märchenland an der Lundgatan zu spazieren, der fahre von Vimmerby in Richtung Rumskulla. Dort wird er die Katthult-Gegend finden, in der *Emil i Lönneberga* gefilmt wurde.

In den sechziger Jahren kaufte Astrid Lindgren das kleine rote Haus von ihrem Bruder, der mit seiner Frau und den Kindern in das größere Haus umgezogen war. Sie haben gemeinsam versucht, die Zimmer und Kammern wieder so einzurichten, wie sie in ihrer Kindheit ausgesehen haben, kauften Möbel wieder zurück, hängten Bilder wieder an die Wand, und Astrid Lindgren wohnt dort, wenn sie die Familie ihres Bruders besucht.

Zu Anfang dieses Jahrhunderts waren die kleinen Dörfer um Vimmerby herum nichts als eine Ansammlung von Gehöften, wobei in Näs noch das schöne weiße Pfarrhaus dazukam, *eine Kulturstätte, wo es etwas feiner und gebildeter zuging.* Der Pfarrer war nicht nur der nächste Nachbar, sondern auch *unsere Obrigkeit, und wir guckten uns dort ein bißchen ab, wie man sich in besseren Häusern benimmt. Wir gehörten ja, wie mein Vater es nannte, zum ungehobelten Bauernvolk, da war das Abgucken schon nötig.*[30] Doch gleich hinter dem Pächterhaus begannen der Hest-Hagen, der Pferde-Hag und der Schafs-Hag und der Kuh-Hag. *Dort ha-*

Fast unübersetzbar: ein Svensk hag mit dem typischen Zaun

ben wir gespielt, und ein Hage ist das Schönste in Schweden, was es gibt.[31] Eben keine Weide im deutschen Sinn, sondern halb Wald, halb Wiese, vom hölzernen Flechtzaun umgeben, ein nordisches Paradies aus lichtem Baumbestand, Sträuchern und Blumen, Felssteinen und Moos, im Frühling blau von Vergißmeinnicht, im Herbst golden vom Birkenlaub.

Heute *ist es nicht mehr wirtschaftlich, aber ich kämpfe darum. Svenska hagen – das ist Schweden!*[31]. Wir sprachen im Juni 1984 davon. Astrid Lindgren erzählte, daß sie darüber geschrieben und sich für die Erhaltung dieser Biotope eingesetzt hätte, und als ich sie am nächsten Morgen wieder besuchte, kam sie mir entgegen und rief: *Denk dir, ich habe gerade im Radio gehört, daß ein Gesetz durchgekommen ist zum Schutz der Hagen! Ist das nicht schön?*

Denn so gern sie auch als Kind gespielt und die Gesellschaft der anderen genossen, so gern sie gelesen hat, ergänzte sie immer wieder: Aber die Natur! *Fragt mich jemand nach meinen Kindheitserinnerungen, dann gilt mein erster Gedanke... der Natur. Sie umschloß all meine Tage und erfüllte sie so intensiv, daß man es als Erwachsener gar nicht erfassen kann. Der Steinhaufen, wo die Walderdbeeren wuchsen, die Leberblümchen-Stellen, die Schlüsselblumen-Wiesen, die Blaubeer-Plätze, der Wald mit den rosa Erdglöckchen im Moos, die Hage rings um Näs, wo wir jeden Pfad und jeden Stein kannten, der Fluß mit den Seerosen, die Gräben, die Bäche und Bäume, an all das erinnere ich mich besser als an die Menschen. Steine und Bäume, sie standen uns nahe, fast wie lebende Wesen, und die Natur war es auch, die unsere Spiele und Träume hegte und nährte. In der Natur ringsum war auch all das angesiedelt, was unsere Phantasie zu erfinden vermochte. Alle Sagen und Märchen, alle Abenteuer, die wir uns ausgedacht oder gelesen oder gehört hatten, spielten sich dort ab...*[31]

Vimmerby nun, die kleine Stadt, lag zwar nur ein oder zwei Kilometer entfernt, aber *wenn man dem Vater glauben durfte*, war von Städtern nicht viel zu halten. Er betrachtete sie mit *Milde und belustigter Nachsicht*. Im Alter beschrieb Astrid Lindgren den Flecken als *eine vornehme alte Kleinstadt mit altertümlichen Häusern und hoppeligem Kopfsteinpflaster und einem hübschen großen Marktplatz mit lebhaftem Handel*... In einem ihrer ersten Romane läßt sie die Titelheldin sagen: *Da waren wir nun unser ganzes sechzehnjähriges Leben lang auf demselben holprigen Pflaster in dieser ewig schlafenden Kleinstadt umhergegangen... Zweihundert Meter hin und ebenso viele Meter zurück*[32]; und in *Meine Lebensgeschichte* heißt es schließlich: *Vimmerby ist eine echte Kleinstadt mit ungefähr 5000 Einwohnern. Sie ist das Kleinköping in den Büchern über Kalle Blomquist. Die Übereinstimmung ist natürlich nicht fotografisch genau, aber die Atmosphäre ist dieselbe, wie ich sie als Kind in Vimmerby erlebte.*[33] Und so sieht Vimmerby im Spiegel dieser Dichtung aus: *In dieser Stadt gibt es nur eine Straße und eine Querstraße*, sagt der Bäckermeister in *Kalle*, und der Rest: *...winzige kopfsteingepflasterte bucklige Gassen.*[34] Beschaulichkeit also, jeder kannte jeden, alle Kinder jeden Erwachsenen, und wenn sie durch die Straßen strichen, schauten sie über jeden Gartenzaun, ob einen *irgendeine freundliche Seele zu einem Butterbrot oder etwas anderem Guten* einlädt. Am Samstag war Friedrich mit dem Fuß schon am Nachmittag betrunken und schwadronierte vor der Gerberei, wie üblich im Kreis seiner Zuhörer; man wußte, daß der Sechs-Uhr-Zug gleich kommen würde, und nur an Markttagen herrschte Leben und Treiben. *Eine schöne Stadt war es also strenggenommen nicht*, aber sie besaß andere Vorzüge, und deshalb *brauchte sie nicht schön zu sein.*

Als Astrid Lindgren in *Eva-Lottes Alter war, führten meine Kameraden und ich ein wirklich wildes Leben in den Straßen. Genau wie die Mitglieder der Weißen Rose spielten wir an dunklen Abenden mit der selbstgebastelten*

Der Marktplatz von Vimmerby im Pferdezeitalter

Geige und neckten die Leute mit einem Paket an der Schnur. Wie sie liebten die Kinder der Lindgren-Geschichten den *leichten muffigen Geruch vom Fluß,* die Wärme der sonnenheißen Pflastersteine, den Rosenduft *aus irgendeinem Garten. Mehr Schönheit war hier gar nicht nötig.*[34] Dazu kam vor allem wieder ein Gefilde grenzenloser Spielfreiheit, die Prärie, eine große Gemeindewiese vor der Stadt, *auf der schon Eltern und Großeltern als Kinder gespielt hatten.*[35] Man konnte barfuß über das Gras laufen, *große Teile der Prärie waren mit Haselsträuchern und Wacholderbüschen bewachsen*, zwischen denen sich die Kinder verstecken konnten. Und ein unbewohntes Herrenhaus und eine Schloßruine lagen angenehm nah, wie die Kulissen der kommenden Geschichten.

Nah lagen jetzt auch Gefahren, die mit Kinderspiel und Abenteuer nichts mehr zu tun hatten. Mit *Kalle Blomquist* wurde die Welt der frühen Kindheit verlassen, in der sich die Kinder zwar auch in Gefahr brachten und von Dächern und Bäumen fallen, im Bach ertrinken und sich die Beine brechen konnten, in der sie in der stockfinsteren Küche kichernd miterlebten, wie die Mägde mit ihrem Bräutigam – wie sie hofften *ungestört – ein wenig liebkosten*[36], in der sie in den Liebesbriefen der Mägde stöberten und sich über den *glühenden Kuß auf deine rosa roten Lippen* halb totlachten, in der sie, wenn die Geschwister mittags den Kaffee aufs Feld brachten, auch das Derbe und Direkte mitbekamen, *denn nur weil zufällig ein Kind in der Nähe war, nahm man damals kein Blatt vor den Mund.* Das unverfälschte Leben also, aber ohne Drohung von außen. Ohne Gewalt, ohne moralische Defekte. In der Stadt jedoch lauerten die

Bösewichter und Betrüger, gab es Mörder und die ganz alltägliche Schlechtigkeit der Menschen. Das wußte Astrid Ericsson, aber sie hatte vom Vater, der gern mit *der ihm angeborenen Milde und belustigten Nachsicht*, doch kräftigem Spott über die Stadtfräcke herzog, immer gelernt, gerade das nicht dem numinosen Begriff Stadt anzukreiden. *Immerhin war es, wenn man meinem Vater glauben durfte, besser, dem ungehobelten Bauernvolk anzugehören, als ein Städter zu sein... Viel war von ihnen nicht zu halten... Aber auch sie hatten das Recht zu leben.*

Astrid Ericsson hatte bisher gelernt, daß der Mensch für sich selbst verantwortlich ist, aber es mochte ihr damals schon klargeworden sein, daß Näs eine Ausnahme ist. Alles, was sie nach dem Ende der Kindheit, nach ihrem Abschied von Näs erlebte, ertragen mußte, kennenlernte und beschrieb, war der sogenannte normale Durchschnitt.

Die Schulzeit

Das Städtchen Vimmerby lernte die sechsjährige Astrid Ericsson allmählich kennen, als sie in die Schule kam. Sie war ein Kind, das die Schule mochte, die beiden Jahre in der småskolan ebenso wie das in der folkskolan, die in Vimmerby beide in einem Schulkomplex lagen. Trotzdem gab es am ersten Schultag Tränen. Alle angemeldeten Kinder standen zusammen und wurden namentlich aufgerufen und vom Lehrer mit Handschlag begrüßt. Natürlich waren alle aufgeregt, und neben Astrid stand ein Zwillingspaar, das sich in die Hosen pinkelte. Das steckte Astrid sofort an, und als ihr Name erklang, *da heulte ich auch! Der gute Mann sah wohl meine Angst und sagte beschwichtigend: du kannst ja zurück zu deinen Eltern!*[37], aber das wollte sie erst recht nicht.

Trotz all dieser Aufregungen kam dann der erste richtige Schultag, und wieder gab es Tränen. Astrid Ericsson war viel zu früh aufgestanden und zur Schule gerannt, um mit einem Freund zu spielen, aber der hatte sich schon mit anderen Jungen verabredet, und Astrid stand allein daneben und mußte zuschauen, Stunden um Stunden, wie es ihr vorkam, und sie dachte, sie hätte nun alles versäumt, *ich weinte bitterlich.* Zum Glück kamen ein paar größere Mädchen vorbei und fragten freundlich: «Warum weinst du denn so?», trösteten Astrid und nahmen sie mit ins Schulhaus. Astrid aber hatte die Erfahrung mit dem älteren Bruder gemacht, die damals kaum einem kleinen Mädchen erspart blieb: *Gunnar hat sich überhaupt nicht um mich gekümmert!*

Der Schulweg war nicht lang, und Astrid ging ihn meist allein. Der Unterricht dauerte bis zum späten Mittag, und das Schulfrühstück, belegte Butterbrote und eine Flasche Milch, futterten die Kinder auf der Bank im Korridor. In der höheren Schule war die Pause länger, *da liefen wir heim und aßen dort etwas.*

Wir, das waren die Geschwister, die Nachbarskinder und die neuen Schulfreunde. Zu den drei Kindern des Stallknechts auf Näs, Nachfolger von Kuhgöbbe, also zu Anna, Fridolf und Greta Karlsson, gesellten sich vor allem Freundinnen: Anna-Marie Hansson, die Enkelin des Pfarrers, und Anne Marie Ingeström, Tochter des Bankdirektors in Vimmerby, von ihren Tanten Madicken genannt, die später das Vorbild für *Madita* wurde. *Sie war meine beste Freundin*, sagt Astrid Lindgren, und je enger

Astrid Ericsson als Schulmädchen

diese Freundschaft wurde, desto mehr plagte Stina, Astrids Schwester, die Eifersucht. Sie litt unter der Konkurrenz, und sie schlüpfte in die Rolle der Hexe, so daß die beiden Mädchen kreischten und vor ihr davonliefen.

Gunnar, ein Jahr vor Astrid eingeschult, wollte in dieser Zeit nicht mehr viel mit den kleinen Mädchen zu tun haben, das spürte Astrid nun bei jeder Gelegenheit, und er war in Astrids erstem Schuljahr der Anlaß, daß sie zum erstenmal begriff, was moralische Forderungen bedeuten, und wie man leiden kann, wenn man nicht imstande ist, sie zu erfüllen. Ältere Schüler hatten Gunnar gefangen, an einen Baum gefesselt und sprangen um ihn herum, wobei sie schrien: «Jesus, Jesus, hier kommt kein Barabbas, um dich zu befreien!» Astrid Ericsson aber, sieben Jahre alt, stand stumm dabei. Sie spürte, sie hätte dagegen schreien und drohen müssen, aber sie traute sich nicht, sie lief weg, stieß jedoch auf den Vater, der zufällig mit dem Pferdewagen vorbeifuhr, und jammerte laut: *Oh oh oh – sie quälen Gunnar zu Tode!* Da packte der Vater die Peitsche, die er sonst nur zum Schnalzen nahm, *und kam wie Barabbas, befreite seinen Sohn und brachte den Knaben gewisse Wahrheiten bei.* Im nachhinein war ihr klar, daß es der Bruder natürlich überhaupt nicht gerne gesehen hätte, wenn die kleine Schwester für ihn eingetreten wäre, aber es blieb ihr im Gedächtnis: *Da war ich das erste Mal feige.*

Im selben Jahr bekamen die Pächter in Näs Elektrizität. Als der Vater zum erstenmal das Licht anknipste, rief er: «Es lebe die Elektrizität!» Astrid hätte gerne in den Jubel eingestimmt, damit der Vater nicht so allein dastand, aber sie fand den Überschwang merkwürdig. *Es war nur ein kränkliches, dummes, schreckliches Licht, auch nicht in jeder Stube –,* das, fand sie, lohnte den Jubel nicht. Mehr als dieses Funzellicht bewirkte die Elektrizität ohnehin noch nicht. Es gab keine landwirtschaftlichen oder Haushaltsgeräte, die man hätte anschließen können. Die einzige nicht von Pferden oder Menschen betriebene Maschine auf dem Hof war eine Dreschmaschine, und die wurde von einem Dampfmotor angetrieben.

Im selben Jahr schloß sich der Vater der Delegation von 30 000 Bauern an, die im Februar 1914 einen sogenannten Bauernzug zum König Gustav V. nach Stockholm unternahmen, um *diesem schrecklichen Staaff einen Nasenstüber zu versetzen*: der liberale Politiker Karl Staaff mißbilligte die Politik des Königs, der die Forderungen der Bauern nach einer Stärkung der Landesverteidigung unterstützte, und trat 1914 als Ministerpräsident zurück. Die Erinnerung an diesen Zug war für Astrid mit Schnupftüchern verknüpft, die der Vater den drei Kindern aus Stockholm mitbrachte und die Bilder von der Königsfamilie zeigten.

Die Erinnerung an den Ersten Weltkrieg blieb schattenhafter. *Als der Erste Weltkrieg ausbrach, war ich erst ein Kind und lernte gerade lesen, aber obgleich ich nicht viel davon verstand, erregte mich der Gedanke an den Krieg ganz ungemein. Ich sah die armen Soldaten vor mir, wie sie durch den Schlamm stapften. Ich hatte immer dasselbe Bild der regennassen, aufgewühlten und trostlosen Wege vor mir, auf denen die Soldaten marschierten, und manchmal hielt ich abends meine jüngere Schwester mit langen und schaurigen Kriegsschilderungen wach, von denen ich ja eigent-*

lich gar keine Ahnung hatte.[38] Im übrigen fand dieser Krieg in der Ferne statt, griff nicht in den Alltag der Kinder ein, und keine Trauer oder Verluste hinderten sie daran, das zu tun, was ihr Herzensvergnügen war.

Denn draußen auf Näs gab es *die besten Spielplätze*[39], und deshalb kamen die Schulkameraden von Gunnar und den Mädchen in *Riesenmengen aus der Stadt.* Warum? Warum ausgerechnet nach Näs? Im Grunde genommen gab es das, was Astrid Lindgren immer wieder in ihren Romanen, Interviews und Artikeln aufzählt und beschreibt, fast überall auf dem Lande: die Weitläufigkeit und Ruhe trotz aller Pflichten ohnehin, die Freiheit von den Gefahren, die späteren Kindergenerationen von der technisierten und industrialisierten Umwelt drohen, erst recht. Dazu Schuppen und Hausdächer und Bäume zum Klettern, den Heuboden vom Schafs-, Kuh- und Pferdestall, die Hage, das Zirkusspielen und die haarsträubenden Sprünge von den Dächern, die der Leser in den verschiedensten Variationen in den Geschichten wiederfinden wird. Dabei handelte es sich nicht um Mutproben. Auf dem Dachfirst zu laufen, sich fast wie ein Vogel zu fühlen, machte dem Kind ein Vergnügen, das wie eine äußerste Steigerung der Lebenslust erschien. *Madita und ich sind mit einer Leiter aufs Hausdach geklettert. Dort gab es zwei Schornsteine, also zwei Chancen, sich festzuhalten. Madita wurde schwindelig. Sie war kurzsichtig, sie mochte das auch nicht und wollte kein zweites Mal auf ein Dach!* Astrid aber gefiel es, und sie ging fröhlich auf dem Dachfirst hin und her.

Diese Vorübungen erlaubten es ihr, in der Schule bisher unbekannte Künste vorzuführen. Die Turnhalle hatte eine Empore, zu der Astrid ohne viel Umstände hinaufkletterte, *und dann an Heizungs- und Wasserrohren entlang weiter. Unten standen alle mit offenem Munde.* Auch das wird im Zeitalter des Leistungssports und der Rekordsucht vielleicht nicht als ungewöhnlich beurteilt. Es mußte also auch an der Person oder den Personen in Näs gelegen haben, daß diese einfachen Spiele, Vergnügungen und Übermütigkeiten eine Anziehungskraft besaßen, ehe sie von einer aus dieser Gruppe in Literatur verwandelt wurden. Das Geheimnis des Einfachen.

Später sagte Astrid Lindgren einmal, sie habe die deutsche Redensart «Kein Mensch muß müssen» so gerne. In ihrer Kindheit gab es jedoch das unerbittliche Muß, nur: sie und die anderen Kinder begriffen, daß die Arbeit in Haus und Hof einfach erledigt werden mußte, wenn man essen und leben wollte. Und die zweite Pflicht, die Arbeit für die Schule, bereitete Astrid keine Mühe, sondern stillte nur ihre Neugier und ihren Wissensdurst.

Um die Hausaufgaben kümmerten sich die Eltern nie. Sie setzten voraus, daß sie ordentlich und pünktlich erledigt wurden. Eine Pflicht unter anderen, dazu eine freiwillig übernommene, denn Astrid Ericsson besuchte nach Vor- und Volksschule auch die sogenannte Samrealskolan, was da-

Die Samrealskolan in Vimmerby: ganz rechts Astrid Ericsson, die den Arm hebt und sich meldet

mals in Vimmerby nicht selbstverständlich und auch nicht üblich war. Arbeiter- und Bauernkinder gingen nicht auf die höhere Schule, weil sie Geld kostete. Freiplätze gab es nur für einige wenige Schüler, und wenn man etwa über zehn Kilometer von der Schule entfernt wohnte, wurde der Schulweg – stets zu Fuß – als zu weit betrachtet. Die Kinder mußten also in der Stadt in Pension gegeben werden, und das kostete erst recht Geld. *Wir waren ja nur Bauernkinder, die Samskolan gehörte nur den Auserwählten.*

Doch Madita-Madicken mit dem einflußreichen Vater, der zu den Honoratioren von Vimmerby gehörte, bestand einfach darauf, daß ihre Freundin sie nicht verließ, sondern weiter mit ihr in die Schule ging. So einigten sich die Mütter über diese Sache, *denn meine Eltern waren sehr geachtet und berühmt für ihre Weisheit und Klugheit.* Die Entscheidung wurde jedoch nicht ohne die Zustimmung des Kindes gefällt. Die Mutter fragte Astrid, und Astrid antwortete: *Ja, das möchte ich wohl, wenn mein Vater für mich zahlen will*, denn die Schule kostete pro Halbjahr 23 Kronen. Wer so etwas auf sich nimmt, dachte die Mutter, der wird auch lernen, ohne daß man das überprüft. *Es gab auch keinen großen Jubel über gute Noten. Unsere Eltern fanden anständige Zeugnisse vollkommen natürlich.* Als die Vorschullehrerin Gunnar einmal lobte und sagte: «Das hab ich schon gemerkt: der ist nicht dumm!», hielt die Mutter das deshalb für «eine ziemlich merkwürdige Bemerkung». Auch die höhere Schule entband selbstverständlich nicht von den übrigen Aufgaben, die zu erledigen waren, und in den Sommerferien arbeiteten die Geschwister auf dem Hof und im Haus, in dem es eine Magd gab, der sie bei besonderen Anlässen auch noch helfen mußten. Als die Mädchen größer wurden, fand die Mutter schließlich, daß die Magd überflüssig war, *und damit hatte sie ja recht. Mit erwachsenen Töchtern braucht man keine Magd.*

Und Mädchen, die so aufgewachsen sind, brauchen später keine besonderen Rezepte oder zusätzlichen Erfahrungen, um das zu bewältigen, was mit Doppelbelastung der berufstätigen Hausfrau und Mutter immer noch nicht zureichend bezeichnet wird, tatsächlich aber im Vergleich mit dem, was diese Mädchen und Frauen auf dem Lande haben leisten müssen, eher ein Kinderspiel ist. Selbst *am Tage meiner Einsegnung ging ich am Vormittag aufs Feld Roggen stoppeln und nahm am Nachmittag das Abendmahl.*[40]

Astrid Lindgrens Kommentar zu dieser Erziehung: *Was einem aufgetragen war, das hatte man zu tun. Ich glaube, es war eine nützliche Lehre, die einem später im Leben half, auch mit eintöniger Arbeit ohne allzuviel Gestöhne und Gejammer fertig zu werden. Reiß dich zusammen und mach weiter, das waren die Mahnworte unserer Mutter, wenn wir über der Spülwanne in Träumereien versanken... So etwas vergißt man sein Leben lang nicht. Reiß dich zusammen und mach weiter, wie oft habe ich mir das nicht selber gesagt –.*

Nach der Aufnahmeprüfung begannen die sechs weiteren Schuljahre, während derer Astrid Ericsson drei Sprachen lernte, in denen sie auch ihr Abschlußexamen machte: Deutsch, Französisch und Englisch. Alle drei Sprachen lernte sie fließend zu beherrschen, so daß sie später Interviews und Vorträge in den betreffenden Landessprachen geben und ohne Schwierigkeiten an öffentlichen Diskussionen teilnehmen konnte. *In der Schule hielt ich mich gut und erwarb einen gewissen Ruhm für meine Aufsätze. Wie oft bekam ich zu hören, ich müsse Dichterin werden, wenn ich erst groß sei. Dieses Gerede festigte in mir nur den Entschluß, niemals Bücher zu schreiben. Wenn man als Kind Vimmerbys Selma Lagerlöf genannt wird, versucht man später, jedem Federhalter aus dem Weg zu gehen.*[41]

Gunnar kam gleichzeitig mit Astrid auf die höhere Schule, was er eigentlich gar nicht wollte. Es bestand nämlich zwischen den beiden Schulen Feindschaft, die Jungen von der folkskolan, der Volksschule, nannten sich Lanken, das ist der Begriff für die wertlosen Karten im Spiel, und die vom läroverket, der Oberstufe der samrealskolan, hießen Ratten. Gun-

Das neue weiße Haus, 1920 erbaut

nar wollte keine Ratte sein, aber er spielte gern Fußball, und als ihm der Vater erklärte, daß die samskolan den besseren Fußballplatz hätte, ließ er sich überreden und studierte so fleißig, daß er gleich in die zweite Klasse aufgenommen wurde. Er hatte denselben Fürsprecher wie Astrid. *Madita drängelte unablässig, und ein Vetter von Samuel August, der auch aus einer einfachen Familie stammte und Akademiker geworden war, meinte ebenfalls, daß man die Begabung des Jungen fördern sollte. Wenn mein Vater nicht damals meine Mutter dazu gebracht hätte, zuzustimmen, dann hätte es kein Näs, keine Schule für mich, vielleicht überhaupt keine Geschichten gegeben*, sagt Astrid Lindgren als alte Frau.

Näs, das alte rote Haus, wurde allmählich zu eng. Der Vater hatte zwar ein Telefon und ein Kontor, das als Gastzimmer diente und in dem der Vater auch schlief, aber der Platz reichte für die große Familie einfach nicht aus. So wurde 1920 das neue Haus, nur ein Stück entfernt und dichter an der Straße, gebaut. Es hatte unten vier lichte große Räume. Gunnar, Stina und Astrid bekamen jeder ein eigenes Zimmer, nur die kleine Schwester blieb noch in den ersten Jahren im Schlafzimmer der Eltern. In dieser Zeit nun wandelten sich die Spiele. Astrid entdeckte die Schulbibliothek, stürzte sich *wie eine Besessene*[42] darauf und *verschlang alles, was es dort gab*, wie es sich für die Jahre zwischen zehn und dreizehn schickt. Ihre Bücherliste reichte von «Robinson» über die «Drei Musketiere» bis zu Jules Verne, Mark Twain und vor allem Walter Scott. *Und dann alle die wunderbaren Mädchenbücher. Daß es überhaupt so viele nette und lustige Mädchen in der Welt gab, die einem plötzlich ebenso nahe standen wie Geschöpfe aus Fleisch und Blut! Wie ich mit diesen Mädchen gelebt habe! Einen ganzen Sommer lang spielte ich mit meiner Schwester auf dem großen Sägemehlhaufen oben bei der Sägemühle Anne auf Avonlea; ich war Diana Barry, und die Dunggrube hinter dem Kuhstall war die dunkel spiegelnde Woge.* Auf ähnliche Weise verwandelte sich unter Unterstützung der ganzen Freundesschar der Svenska hagen hinterm Haus in Mowglis indischen Dschungel, die Gestade des Mississippi oder die «Schatzinsel».

Bücher und Lesen spielen ab nun für Astrid Ericsson immer eine entscheidende Rolle. Das ist kein Widerspruch dazu, daß sie genausooft Spielen erwähnt, lobt und preist. Denn die Arbeit auf dem Lande war in der ersten Hälfte des 20. Jahrhunderts noch von der Jahreszeit, vom Wetter und vom Licht abhängig, und seitdem es auf Näs Elektrizität gab, konnten die Bewohner der Jahreszeit ein Schnippchen schlagen und in den Abendstunden und im Winter, der in Schweden länger und härter als im südlichen Europa ist, etwas anderes tun, als kurz nach dem Dunkelwerden in die Federn zu kriechen. Für Astrid Ericsson bedeutete das vor allem: lesen. *Es ist eine Unsitte, nachts im Bett zu lesen, aber herrlich!*[43] schreibt ihr Britt-Mari ins Tagebuch. Britt-Maris Freundin, die reiche Mariann, bekommt in derselben Geschichte zum Geburtstag tausend Sachen, *aber kein einziges Buch! Hätte ich Geburtstag und bekäme kein Buch, ich würde anfangen, in allem Ernst an der Weltordnung zu zweifeln.* So gibt es kein Weihnachtsfest, weder in Wirklichkeit noch in den künftigen Geschichten, das nicht mit Buchgeschenken beschrieben würde, fast kein Gespräch, in dem Astrid Lindgren nicht auf Bücher, Bucherlebnisse, Büchervorlieben zu sprechen käme und fragt: *Was liest du gerade?*, wobei mitschwingt: Ist das vielleicht ein Buch, das ich auch lesen sollte?

Das war die Kindheit, Bilder und Szenen, die mit einer beispiellosen Intensität aufgenommen und später mit einer ebenso beispiellosen Klarheit, Lebendigkeit und Einfachheit in Literatur umgesetzt werden, mit einer Einfachheit, die Leser ebenso entzücken wie reizen und provozieren wird. Dies, was Astrid Ericsson erlebt und in ihrer Erinnerung festgehalten hat, ist ihr poetisches Material, nicht mehr und nicht weniger, und es wird immer wieder verwendet werden, in Märchen, in realistischen Kinderromanen und in jenen Geschichten, die gleichermaßen in der Wirklichkeit und im Traume spielen. *Ganz unversehens kann all das wieder erwachen und fast so sein wie einst*[44] – aber wenn sich Astrid Lindgren auch als Erwachsene, als alte Frau an die sinnlichen Eindrücke von einst so erinnern kann, als spürte sie noch die beißende Kälte, die Kälberzunge, die *winzigen Krallen frisch ausgeschlüpfter Küken auf der Hand,* als röche sie noch den Wagenschuppen und die Kaninchen, als hörte sie die Milch in den Eimer zischen und das Käuzchen rufen, als sähe sie noch

Familie Ericsson in Näs 1918: Vater Samuel August, Ingegerd, Astrid, Stina, Gunnar, Mutter Hanna

die Seligkeit des Heckenrosenbusches auf der Rinderkoppel, der mir zum erstenmal gezeigt hat, was Schönheit ist, so weiß sie: es ist vorbei, unwiderruflich entschwunden. Der Schmerz, den sie über diesen Verlust empfindet, immer wieder empfindet, verwandelt sich in ihrem Werk nicht in Klage, sondern in Lob und Preis, in Bilder und Gestalten, die all das bewahren, was das Kind Astrid mit Glück erfüllt hat. Sie selbst wird später ebenso verblüfft darüber sein, daß diese so tief und lebensvoll empfun-

dene Kindheit einer småländischen Bauerntochter in ungezählten anderen Menschen, Kindern und Erwachsenen etwas berührt und weckt, das ihnen ebenso vertraut ist wie die eigene vergessene Kindheit, mehr noch: das sie für die Erinnerungen an ihre Kindheit halten. Und vor allem: daß diese Romane, in denen an keiner Stelle polemisiert oder argumentiert wird, sondern immer nur einfach erzählt – daß diese Romane also eine allgemeine Wirkung besitzen, die weit über das hinausgeht, was man einer Kinderdichterin an Wirkung zuzugestehen bereit ist. So sagte sie 1958 in ihrer Dankrede für den Hans-Christian-Andersen-Preis in aller scheinbaren Einfalt: *Wäre ich auch nur zehn Jahre später zur Welt gekommen, so hätte ich nichts von jener fernen Zeit gewußt, als... noch Pferdewagen statt Automobile auf den Straßen fuhren. Das Pferdezeitalter – das war eine Zeit mit einem ganz anderen und langsameren Rhythmus als die unsere. Ich glaube, es war schön, in jener Zeit ein Kind zu sein.*

Aber diese Zeit ging auch für Astrid Ericsson vorüber, und *plötzlich, in einem Sommer, konnte ich nicht mehr spielen. Das war ein großes Unglück.*[45]

Sonst war das so: kaum hatten die Sommerferien angefangen, kamen alle Freunde und Kinder von den Nachbarn, kam auch die Pfarrerstochter, *und wir fingen sofort an zu spielen.* Spielen, immer noch Sommerspiele ohne Spielzeug in und auf dem Sägemehl, *lebensgefährlich! Wir hätten ersticken können, wenn das eingebrochen wäre!* Immer noch Theaterspiel, Beerensammeln im Hag, *die Erdbeeren fädelten wir auf Grashalme! Das alles *ging nun nicht mehr. Die Kindheit war vorbei. Vorm Einschlafen dachte sich Astrid Geschichten von unglücklichen Kindern aus, die sie trösten und in die Arme nehmen konnte. Als Jugendliche fühlte sie sich *gar nicht so glücklich. Die meisten sind ja unsicher und traurig. Das war ich auch.*

Das Ende der Kindheit

Von den Jahren der Pubertät blieb Astrid Lindgren *keine starke Erinnerung, nur an dieses allgemeine Gefühl, daß es trist war, groß zu werden*, und daß ihr alle Lebenslust in Geschichten als Wunschtraum vorkam. In dem Buch, das als erstes veröffentlicht wurde, sagt die Titelheldin: *... ich werde sehr oft schwermütig... Vielleicht weil ich so jung bin. Und weil ich nicht jünger bin. Denn als man jünger war, war alles so einfach. Vielleicht wird es wieder einfach, wenn man richtig erwachsen ist. Aber so dazwischen, finde ich, ist es manchmal sehr schwer.*[46] Die Kindheit also, die Astrid so geliebt hat, in der sie so einig war mit sich und der Welt, war mit einem deutlichen Gefühl des Schmerzes beendet, abgeschlossen und so *entschwunden*, wie bald auch die äußeren Umstände entschwunden sein würden.

Das Ende der Kindheit fiel zusammen mit dem Untergang der bäuerlichen Gesellschaft mit Pferd und Wagen, Knecht und Magd, Pumpe und Petroleumlicht. In der Zeit nach dem Ersten Weltkrieg wandelten sich auch in Schweden die wirtschaftlichen und damit die allgemeinen Lebensbedingungen rasch.

Wie war ich mit 15 Jahren? fragte sich Astrid Lindgren später in einem Radiointerview[47], *ich merkte, daß ich erwachsen wurde, und das wollte ich nicht sein.* Zwanzig Jahre später wird Pippi Langstrumpf im Schrank der Villa Kunterbunt nach den Pillen gegen das Erwachsenwerden kramen und ihren Freunden geben, die sie – wenn sie nicht wüßten, was sie sein sollten – für Suppenerbsen gehalten hätten.

1922 hätte die fünfzehnjährige Astrid auch noch nicht die Selbstironie besessen, mit der die erwachsene Frau das Mädchen von damals beschrieb und auch bei dieser Gelegenheit mit dem Gegensatz begann, der ihr in dieser Zeit so viel zu schaffen machte: *Als Kind war ich so glücklich, und nun fand ich es traurig und mühsam, erwachsen zu sein. Ich fühlte mich sehr unsicher. Ich fand, daß ich häßlich sei, und ich war völlig überzeugt davon, daß niemals irgend jemand sich in mich verlieben könnte. Vor allem deshalb war ich so traurig und ein richtiges Elend. Ich tröstete mich damit, daß ich las – alles, was ich bekommen konnte, und das habe ich in meinem ganzen Leben beibehalten. Geschrieben habe ich damals noch nicht. Ich wußte überhaupt nicht, was ich werden wollte, und das war auch*

Die Schwestern Ericsson: Ingegerd, Stina und Astrid

so traurig. Aber das Schlimmste war natürlich, daß niemals irgend jemand sich in mich verlieben würde. So dachte ich. Aber als ich ungefähr siebzehn Jahre alt war, zeigte es sich, daß es nicht ganz so unmöglich war, wie ich geglaubt hatte, und da war ich völlig ausgelassen und hatte, soweit ich mich erinnern kann, nur noch ein einziges Interesse, nämlich zu versuchen, daß sich möglichst viele in mich verlieben sollten. Ach, ach, ach, das war eine Plagerei, das kann ich sagen. Ich machte innerhalb kurzer Zeit eine kolosse Veränderung durch und wurde kurzerhand zu einem Jazzböna, wie man es zu der damaligen Zeit nannte. Denn dies geschah ungefähr gleichzeitig mit dem Durchbruch des Jazz in den glücklichen zwanziger Jahren. Ich schnitt mir das Haar ab – zum größten Entsetzen meiner Eltern, die an der Tradition hingen. Ich war die erste in Vimmerby, die sich die Haare abschnitt. Es konnte geschehen, daß Leute mich baten, den Hut abzunehmen, um meinen kurzgeschnittenen Schopf zu bewundern. In dieser Zeit gab der französische Verfasser Victor Marguerite sein Buch «La garçonne» heraus, ein sehr schockierendes Buch, das ein Welterfolg wurde. Ich glaube, daß alle Mädchen auf der ganzen Welt versuchten, wie «La garçonne» auszusehen. Ich jedenfalls tat es. Ich kann mich nicht daran erinnern, daß ich in meinem Bubikopf auch nur einen einzigen vernünftigen Gedanken hatte. Ich las zwar immer noch dicke, schwere, gedankenreiche Schmöker, sowohl Nietzsche als auch Schopenhauer, Dickens und Dostojevskij, aber ich war trotzdem kein Mensch mit politischen und sozialen Interessen; ich dachte nur an mich selbst. Vielleicht gab es auch in Vimmerby andere Jugendliche mit tieferen Interessen, denen begegnete ich jedoch nicht. Ich begegnete allerdings auch keinem, der so interessiert am Lesen war wie ich selbst.

Die Bibliothek in Vimmerby scheint dem lesehungrigen Mädchen ausgereicht zu haben. Die übrigen kulturellen Angebote in so einer kleinen Stadt waren spärlich. Manchmal gab es einen Film, *der großen Eindruck auf einen machte,* und *man hörte von einer neuen merkwürdigen Filmschauspielerin, die Greta Garbo hieß. Ich erinnere mich an den Film «Gösta Berling», der nach Selma Lagerlöfs Buch Anfang der zwanziger Jahre verfilmt wurde und in dem Greta Garbo eine ihrer größten Rollen spielte. Theater gab es kaum in Vimmerby. Hin und wieder kam eine reisende Theatergruppe, die meistens Operetten wie «Der Bettelstudent» und «Die lustige Witwe» spielte. Ich war rasend interessiert daran und entzückt, obgleich ich später begriffen habe, daß das, was geboten wurde, nicht von besonderer Qualität war. Während der Winterzeit tanzten wir im «Stadthotel» und im Sommer draußen im Freien auf den Tanzböden. Ich kann noch*

Greta Garbo

die besondere Stimmung der Sommerabende auf dem Tanzboden zwischen den Birken nachempfinden, mit Akkordeon-Musik und Mücken, und die Spannung, ob man zum Tanz aufgefordert werden würde oder nicht. Und danach die Spannung, was Mama sagen würde, wenn man später nach Hause kommt, als sie bestimmt hatte. Aber das war ungefähr der einzige Kummer, den man hatte. Ich versichere, daß ich nicht viel Vernunft während der Jazzperiode in mir hatte.

Astrid Ericssons Schulzeit hörte mit dem Realexamen und Prüfungen in den drei Fremdsprachen auf und brachte die einstweilige Trennung von Madicken. Sie kam nach Linköping aufs Gymnasium, war nun eine Studentin, wohnte in Pension und lernte weiter. So weit ging Astrids Wunsch oder Ehrgeiz nicht, sie empfand aber auch keinen Schmerz, obgleich sich die Freundinnen nicht mehr so häufig sahen. Sie fand diese Entwicklung vielmehr selbstverständlich, und da sie immer noch keinen ausgeprägten Berufswunsch hatte, war es ihr auch recht, daß die Mutter über sie bestimmte. Diese fand es nämlich richtig, daß ihre Älteste erst einmal ein halbes Jahr zu Hause blieb und richtig kochen lernte. Auch damit war Astrid einverstanden.

Das weitere ergab sich, *weil ich so gute Aufsätze geschrieben hatte*[48]. So etwas sprach sich in Vimmerby herum, und weil der Redakteur der «Wimmerby Tidningen» einen Volontär brauchte, wandte er sich an Samuel August Ericsson und fragte: «Was meinst du denn, kann das deine Tochter nicht übernehmen?» Der Vater trug das Angebot weiter und fragte Astrid: «Willst du das machen?»

Eine Zufallsfrage, und die Antwort: *Ja, ich will es wohl probieren!* lenkte ein Leben in eine Richtung, die es sonst nicht genommen hätte. Astrid Ericsson wohnte weiter in Näs, ging weiter zu Fuß in die Stadt oder radelte den kurzen Weg und lernte für 60 Kronen im Monat das Journalistenhandwerk. Die «Wimmerby Tidningen» war ein Kopfblatt mit Lokalausgaben, hatte viele Anzeigen, die das Blatt finanzierten, und *die Zeitung entstand um diese Geschäfts- und Familienanzeigen herum*. Es gab Nachrichten über Stiere und Hengste und Deckverbände, *die mein Vater gegründet hatte*, Ausstellungen, Beerdigungen und Hochzeiten, *und ich mußte über alles schreiben*. Nur: wenn wirklich etwas Interessantes in der Gemeinde passierte, dann schrieb der Redakteur selber darüber. *Das fand ich ganz dumm*. Ein spätes Verständnis für eine solche Situation findet der Leser in *Kalle Blomquist*. Der Redakteur der Ortszeitung verfaßt einen Sensationsbericht über den Mord, um den es in dieser Geschichte geht. *Eine so prachtvolle Möglichkeit zu schreiben hatte er lange nicht gehabt, und das nutzte er aus.*[49]

Die Redaktion bestand nur aus diesen beiden Personen, so daß beide alles selber erledigen mußten, oft auch die Anzeigentexte und die Formulierungen der Todesnachrichten. Wenn ein Wandertheater auftauchte, schrieb Astrid Ericsson die Theaterkritiken, *ohne eine Ahnung von Dra-*

maturgie zu haben. Das alles machte ihr ungeheuren Spaß, und sie ließ später ihre junge Britt-Mari sagen: *Aber zuerst will ich etwas lernen… Etwas Richtiges können, und ich will versuchen, ein richtiger Mensch zu werden, der in sich selbst einigen Wert besitzt und ihn nicht erst als Anhängsel eines Mannes bekommt. Ich werde mir einen Beruf erarbeiten.*[50]

Astrid Ericsson lernte in diesen Monaten schreiben wie ein Profi, was ihrer natürlichen Begabung so entgegenkam, daß es ihr gar nicht bewußt geworden ist. Und da sie zu Hause tagtäglich Pflicht-, also pünktliche Terminerfüllung geübt hatte, sich außerdem, um Zeit zum Lesen und Spielen zu haben, ihre Zeit immer ökonomisch eingeteilt hatte, war sie für alle späteren Arbeiten auf das Beste gerüstet. Sie konnte ihr Pensum beurteilen, ergo die verschiedenen Aufgaben gut unter einen Hut bringen, und diese Fähigkeit ist für eine berufstätige Frau und Familienmutter wesentlich wichtiger als für einen Mann.

In dieser Zeit lernte Astrid Ericsson vor allem, daß Näs nicht die Welt war und daß man als Erwachsener andere Lebensregeln befolgen muß, vor allem sein Vertrauen nicht mehr so arglos wie ein Kind und ungeprüft verschenken darf. Hatten die Jahre der Kindheit sie auf außerordentliche Weise mit Lebenskraft und Lebensfreude erfüllt und mit dem versorgt, was die Kinderpsychologen später das Urvertrauen nennen sollten, so war sie so gut wie gar nicht auf die normale Schäbigkeit der Menschen vorbereitet. Eine erste Liebe, die eigentlich nur darauf beruhte, daß ein junges Mädchen in seiner entwicklungsbedingten Unsicherheit und Zweifelsucht von einem Mann hört, es sei schön und begehrenswert, ging in die Brüche, und Astrid Ericsson mochte gespürt haben, daß der Schmerz über das getäuschte Vertrauen nicht zu Hause geheilt werden konnte, wo man nach anderen Maßstäben lebte. *Als ich ungefähr neunzehn Jahre alt war, verließ ich Vimmerby und fuhr nach Stockholm, um mir dort eine ordentliche Sekretärinnenausbildung zu verschaffen.*[51] In ihrer «Lebensgeschichte», die Astrid Lindgren kurz vor ihrem 60. Geburtstag schrieb, heißt es im Manuskript: *Die Erfahrungen und Erlebnisse dieser Zeit haben sich teilweise in den Kati-Büchern niedergeschlagen.* Nämlich jener Teil, den Astrid Lindgren ungefähr zwanzig Jahre später preisgeben wollte. Denn die Jahre nach 1926 waren für das behütete Mädchen vom Lande, das in der Großstadt, auf sich allein gestellt, in den auch für Schweden wirtschaftlich schwierigen Jahren Fuß zu fassen versuchte, eine harte Zeit. Aber nun zeigte sich zum erstenmal das, was Kritiker und Bewunderer später immer wieder verstören und mißtrauisch machen sollte: ihre Unverletzlichkeit und ihre Kraft. Die Neunzehnjährige trat die Flucht nach vorne an. Sie wollte selbständig sein, *ein richtiger Mensch*, wollte sich nicht bei ihren Eltern verkriechen und wollte für das Kind, das sie erwartete, allein sorgen.

Nach der Sekretärinnenausbildung nahm sie eine Stellung in einem Kontor an. *Mehrere Jahre schuftete und arbeitete ich sehr viel, aß sehr*

Stockholm

wenig und begann gleichzeitig zu denken. Ich begann zu erkennen, daß die Welt gar nicht so war, wie sie sein sollte. Ganz im Gegenteil. Beinahe alles war falsch, und die Menschen waren unglücklich. Ich las Strindberg, der sagte, es ist schade um die Menschen. Das fand ich auch. Ich mietete mit einem anderen jungen Mädchen ein möbliertes Zimmer, und wir zwei lösten zusammen Weltprobleme. Wir kamen zu dem Entschluß, daß man eigentlich nicht leben könnte. Fast jeden Tag nahmen wir uns auch vor, uns

das Leben zu nehmen. Aber wir verschoben dies immer wieder auf den nächsten Tag. Politisch denkend war ich noch nicht, aber sozial interessiert wurde ich bald.

Nichts mehr also von Glück und heiler Welt, doch auch keine heillose Verzweiflung. Astrid Lindgren beschrieb auch diese Phase ihres Lebens nicht ohne leise Selbstironie. Sie erschien ihr als nichts Besonderes, nur eine alltägliche Spielart des Schicksals, das keinen verschont und an dem

47

man sich eben zu beweisen hat. So spielte sie dagegen, hatte auch das Glück, mit einer Freundin zusammen zu leben, die in einer ähnlichen Situation und dadurch zumindest ein Gesprächspartner war. Flüchten oder standhalten – mochten die beiden Mädchen auch nächtelang darüber diskutiert haben, für Astrid Ericsson stand die Wahl von Anfang an fest. Sie begann, wie sie sagte, zu denken, und sie hielt stand.

Und sie lachte bereitwillig mit dem, der ihr zeigte, wie dicht das Gelächter neben dem Jammer haust: *Ich erinnere mich an einen Frühlingstag in den zwanziger Jahren, als ich unter einem blühenden Faulbaum bei der Engelbrektskirche saß und «Hunger» las; ein größeres Leseerlebnis habe ich wohl nie gehabt. Ich war jung und einsam... Alltags im Büro, das ging ja noch, aber meine Sonntage waren leer und traurig, und über die kam ich nur mit Hilfe von Büchern hinweg. Ich hatte kürzlich die Stadtbibliothek von Sveavägen entdeckt, und ich vergesse nie, was das für ein Gefühl war, in den großen Rundbau zu kommen und ein Meer von Büchern zu sehen... Nun war ich wohl nicht nur nach Büchern ausgehungert... Und da saß ich, wie gesagt, unter dem Faulbaum und las «Hunger», und alles miteinander mischte sich zu einem einzigen intensiven Gefühl aus Glück über das Buch und Zusammengehörigkeit mit dem jungen Hamsun ... na ja, ich hungerte nicht mal annäherungsweise so bitter wie Hamsun... Aber... wenn man sich vorstellt, daß er so ein ergreifendes und so hinreißend lustiges Buch über den Hunger schreiben konnte! Ich habe so gelacht, wie ich da auf der Bank saß, ich mußte mir das Buch vors Gesicht halten, damit Vorübergehende nicht glaubten, ich sei verrückt, ja ich wimmerte vor Lachen, als ich von Happolati las, dem Mann, der ein elektrisches Psalmbuch erfand. Vielleicht wäre Pippi Langstrumpf nie eine so enorme Lügnerin geworden, wenn Hamsun nicht auf seiner Holzbank gesessen und das Blaue vom Himmel heruntergelogen hätte über den ungeheuerlichen Happolati...*[52]

Das Ergebnis ihres Nachdenkens bestand vor allem in der Erkenntnis, daß Astrid Ericsson bisher ohne Lebensplan nur das getan hatte, was man ihr sagte oder antrug. Zu Hause bestimmte die Mutter über Arbeit und Pläne, den ersten Berufsversuchen in der Redaktion hatte Astrid zugestimmt, weil sie es *nicht so lustig fand*, immer nur im Haushalt zu arbeiten. *Es ist halt alles so gekommen, ich habe nur ja oder nein gesagt. Ich wußte nicht, was ich wollte, das haben andere arrangiert. Ich habe nie selbstbewußt gesagt: das will ich nicht, und danach das... Als ich schwanger war, hatte ich das Gefühl, ich muß etwas tun, um die Zeit zu nutzen.*[53]

Praktisch, wie sie war, entschied sich Astrid Ericsson für die Handelsschule in Stockholm. Sie konnte dabei auf dem aufbauen, was sie in Vimmerby gelernt hatte: Sprachen, dazu lernte sie Geschäftsenglisch, schwedische und englische Stenografie und Maschinenschreiben. Daß sie auch in Stockholm von ihrem Lehrer, der nur zwei Mädchen in der Klasse hatte, als *etwas Besonderes* beurteilt wurde, schenkte ihr die erste Sicherheit und zeigte ihr, daß sie auf einem guten Weg war. *Ich hatte immer gute Noten. Ich war immer tüchtig und hatte in allen Stellungen gute Zeugnisse bekommen.* Näs begann sich schon auszuzahlen. Wer gelernt hat, wie man jede Arbeit erledigt, wer erfahren hat, daß in der Arbeit nicht nur Selbstbestätigung, sondern Trost und Ablenkung vom eigenen Kummer liegen kann, muß keine Ausflüchte suchen, sondern kann weiterleben.

Meine jüngere Schwester Stina hatte große Angst um mich, als ich nach Stockholm ging. Aber ihre beiden Schwestern folgten ihr in die Selbständigkeit. Ingegerd wurde Journalistin und redigierte eine Zeitlang die Frauenseite einer Tageszeitung. Weil ihr Mann Offizier war, mußte sie jedoch oft mit der Familie umziehen, bis der Mann als Stabsoffizier nach Stockholm versetzt wurde. Da begann sie sich mit Ericssonscher Gelassenheit und Ökonomie auf die Forschungsarbeiten für eine Biographie über Anna Maria Roos zu konzentrieren, die Anfang dieses Jahrhunderts Lesebücher für schwedische Kinder verfaßt hat.

Stina blieb zwar nach der Heirat in Vimmerby und wohnte im roten Haus, aber auch sie baute sich ein eigenes Leben auf und arbeitete lange als Übersetzerin. Mit beiden Schwestern blieb Astrid Lindgren durch die Jahre hindurch in stetem Kontakt. *Stina ruft mich jeden Tag an und sagt mir, was ich essen soll.*

Gunnar wurde der dritte Ericsson-Pächter auf Näs, *er war sehr begabt*, und folgte dem Vater nicht nur als Bauer auf steinigem Acker nach, sondern auch als Politiker. *Er hatte viele verschiedene Interessen*, beteiligte sich einmal auch an einem Verband der Fischer, wozu seine Schwester Astrid bemerkte: *Die Fische haben es lebendig überstanden.*

Der Beruf

Im Dezember 1926 wurde Lars, genannt Lasse, geboren, und 1927 trat Astrid Ericsson ihre Stellung in Stockholm an. Sie wohnte immer noch mit Gun, ihrer Zimmergenossin, in einer Pension bei einer alten Dame, wo es keine Möglichkeit zum Kochen gab.

Mittags aß sie in einem kleinen Gasthaus, *sehr wenig, weil ich sehr wenig Geld hatte*[54], aber die Mädchen hielten zusammen. Astrid begann, sich auf Stellenanzeigen zu bewerben, und ihre Mutter hämmerte ihr ein, nur ja vorsichtig zu sein. Als sie sich auf eine Anzeige, mit der eine «Privatsekretärin» gesucht wurde, vorstellen wollte, bat sie eines der Mädchen aus der Sekretärinnenschule, mitzukommen. Sie ließ es unten an der Treppe warten und schärfte ihm ein, die Polizei zu alarmieren, *wenn ich in einer halben Stunde nicht wieder da bin. Ich dachte wirklich, ich könnte weißen Sklavenhändlern in die Hände fallen.*

Es handelte sich jedoch nicht um einen Sklavenhändler, sondern um den Chef der Svenska Bokhandelscentralen, der allerdings sagte, er wolle sich noch andere Bewerberinnen ansehen, weil ihm Astrid etwas zu jung und unerfahren erschien. *Da ging ich vor dem verabredeten Zeitpunkt zu ihm und sagte: «Nehmen Sie mich! Ich bin sehr reif für eine Neunzehnjährige!»*

Astrid Ericsson bekam die Stelle als Nachfolgerin von Zarah Leander und begann in dieser Firma, die Bücher distribuierte, in der Radioverkaufsabteilung. *Vor dem Krieg war Stockholm noch eine gemütliche Großstadt*, außerdem war das Büro klein, es gab nur etwa fünf Angestellte, dazu einen Werkmeister für die Radioapparate, einen Buchhalter und eine Bürovorsteherin, *eine alte Dame von 38 Jahren. Ich dachte: meint sie wohl, daß ich sie «Tante» nennen soll, was auf dem Lande die Kinder zu Fremden sagen?* Auf jeden Fall fand es Astrid Ericsson angenehm, daß alle fünf im Büro aus verschiedenen Altersgruppen stammten und dennoch eine gewisse Kameradschaft entwickelten.

Schritt für Schritt wurde aus dem Landkind eine Städterin. Das Büro spielte die Rolle der Familie, und deshalb war dieses erste Berufsjahr *eine erfreuliche Zeit*, in die jedoch ein einschneidendes Erlebnis fiel.

Nach der Geburt von Lasse, den sie bei einer Pflegefamilie in Kopenhagen untergebracht hatte und so oft wie möglich besuchte, hatte Astrid

Astrid Ericsson,
zwanzig Jahre alt,
Sekretärin in Stockholm

Zarah Leander

Ericsson vierzehn Tage bei der Hebamme zugebracht, bei der noch ein anderes Mädchen wohnte, mit dem sie sich etwas befreundete. Die beiden trafen sich später in Stockholm wieder, machten zusammen Kabarett für das Büro, aber Astrid Ericsson wunderte sich insgeheim, wie wenig sich die andere um ihr Kind kümmerte, das nicht wie Astrids Sohn bei einer Familie aufwuchs, wo er sich wohl fühlte und später sagte: «Ich habe zwei Mütter gehabt», sondern in einem Kinderheim in Småland untergebracht war. Astrid drängte die Freundin, das Kind zu besuchen, und bot schließlich an, es selber zu tun.

Am tiefsten prägte sich ihr dort der allgemeine Eindruck von *Verfall und Trostlosigkeit*[55] und *der Gestank nach Urin und Eingesperrtsein ein.* Sie registrierte die typischen Symptome des Hospitalismus, der erst nach dem Zweiten Weltkrieg als Problem erkannt werden würde, ganz knapp und treffend: *Die Kinder benahmen sich so seltsam. Sie warfen sich auf mich. Ich hatte Bonbons für Britt, wie das Mädchen hieß, mitgebracht. Da nahm die Vorsteherin die Bonbons und verteilte sie an die Kinder, so weit sie reichten. Einige bekamen keine ab. Ein Junge war so enttäuscht, daß er sich wie von Sinnen auf den Fußboden warf. Dann stand er auf und warf sich noch einmal rücklings hin, aus lauter Verzweiflung. Ich nahm Britt auf den Schoß. Sie saß die ganze Zeit nur da und jammerte leise, ohne etwas zu sagen. Wenn sie wenigstens hätte sagen können, weswegen sie Angst hatte und traurig war! Es war, als ob sie sagen wollte: eigentlich fürchte ich mich sehr, hier zu sein. Aber noch mehr fürchte ich mich davor, zu sagen, daß ich Angst habe.*

Da klingt das Thema des einsamen, verlassenen Kindes an, ein Thema, das Astrid Lindgren später immer wieder aufgreifen wird. Kinder ohne Eltern; Kinder ohne Heimat, ohne Zuversicht, ohne Trost.

1928 wechselte Astrid Ericsson das Büro. *Ich war unternehmungslustig,* und sie konnte immer schon *gute und wirkungsvolle Briefe*[56] schreiben. Und so kam sie zum Königlichen Automobilclub. Als sie im Verlagskontor gearbeitet hatte, hatte sie sich Nebenarbeiten beschafft und für diesen Club ein Tourenbuch geschrieben. Sie verdiente nun etwas mehr und versuchte, eine vernünftige Bleibe zu finden. Zuerst zog sie mit ihrer Freundin Gun wieder in ein möbliertes Zimmer, aus dem die Vermieterin immer irgendwelche Möbelstücke entfernte, wenn sie sie für andere Mieter brauchte, oder sie vertauschte sie zumindest. Ottomane also gegen Eisenbett, Teppich rein, Teppich raus. *Unser Zimmer*, schrieb Astrid Ericsson im November 1928 nach Hause, *sieht aus wie ein Militärkrankenhaus. Sie hat auch unsere beiden Überwürfe entwendet und uns zwei weiße, wenngleich nur mäßig saubere Bettüberwürfe hingelegt. Am 1. September hat sie gesagt, wir müssen den alten Preis zahlen, also 125 Kronen für das Zimmer einschließlich für das Frühstück, bestehend aus Brot, Butter und Milch. Wir lehnten es ab und wiesen darauf hin, daß wir uns das nicht leisten können. Jetzt kriegen wir kein Frühstück. Wir kaufen uns selbst ein biß-*

chen Brot und Butter. Aber für das Zimmer müssen wir 100 Kronen bezahlen.

Weil es aber ungemütlich und Gun arbeitslos war, suchten sie etwas Billigeres und fanden schließlich ein möbliertes Zimmer mit Küchenbenutzung in der Atlasgatan, das Astrid der Familie in Näs so beschrieb: *...prima wie nur irgendwas. Wiltonteppich auf dem Boden, Liege mit goldgetöntem Plüschüberwurf, schicke Toilettenkommode, fescher Toilettenschrank mit betörendem Spiegel, goldiger Nähtisch und todschicke Stühle. Ja, so nennt man das heutzutage. Ist es nicht entzückend?* Ohne die regelmäßigen Freßpakete von daheim hätten Gun und Astrid diese Zeit wohl nicht so gut überstanden, und Astrid bedankte sich jedesmal überschwenglich: *...für den Korb, dessen Inhalt jetzt zur Neige geht! Jeden Abend, wenn wir nach Hause kommen, schneidet sich jeder ein großes Stück Wurst und ein Stück Käse ab, und dann setzt sich jeder auf seine Bettkante und beißt abwechselnd an dem einen und dem anderen Stück ab. Es ist wunderbar, aber bald ist es alle.* Der Großmutter Ida dankte sie für eine Sendung, die nicht nur frischgebackene Plätzchen enthielt: *Tausend Dank, liebe, liebe Großmutter, für das Ein-Kronen-Stück zu meinem Namenstag. Hier in Stockholm gibt es Augenblicke, da hält man eine Krone für den Gipfel des Reichtums, und Großmutters Krone kam just in solchem Augenblick bei mir an.*[57]

In dieses Jahr fiel ein weiteres Leseerlebnis: *Eines Tages bekam ich ein Buch in die Hände, das «Im Westen nichts Neues» hieß. Ich glaube, es war 1929... Seitdem ich erwachsen war, hatte ich dem Krieg nicht mehr viele Gedanken gewidmet. Der Krieg war ja seit langer Zeit beendet, und es gab daher keinen Grund, weiter daran zu denken. Aber nun bekam ich das Buch von Remarque in die Hände, das gerade in der ganzen Welt gelesen wurde. Ich glaube nicht, daß mich irgendein Buch so aufgerührt hat wie dieses. An den Abenden lag ich in meinem Bett und las, und danach kroch ich unter meine Decke und weinte aus Verzweiflung, und ich dachte in meiner Verzweiflung darüber nach, was ich tun könnte. Was sollte ich machen, damit es niemals wieder Krieg geben müßte? Sollte ich auf den Knien rund um die ganze Welt kriechen und betteln und alle Regierungen in der ganzen weiten Welt bitten, es niemals wieder zum Krieg kommen zu lassen? Ich fand, daß der Krieg ein verabscheuenswertes Verbrechen ist, vor allem gegen die jungen Menschen, die unschuldig sind, und die dadurch niemals eine Möglichkeit zu einem normalen Leben bekommen könnten.*[58]

In diesem Jahr hatte Guns Freund eine Wohnung, sogar mit einer Küche gefunden. Die Mädchen trennten sich, was sich jedoch als gut erwies, denn Frau Stevens in Kopenhagen, Lasses Pflegemutter, wurde plötzlich krank. Astrid Ericsson sah sich vor dem Problem, das wohl keiner berufstätigen Frau mit einem kleinen Kind erspart bleibt: Was tun, wenn das sorgfältig organisierte Hilfssystem zusammenbricht? Frau Stevens hatte das Kind schon zu einer Verwandten gegeben, doch Astrid Ericsson kam

*Sture Lindgren
als Verlobter*

schleunigst angereist und holte den Jungen zu sich nach Stockholm. Er wohnte bei ihr in dem möblierten Zimmer, tagsüber von der Wirtin versorgt und bekocht. Das mag für Astrid Ericsson nicht einfach und nicht bequem gewesen sein, vor allem weil Lasse Keuchhusten hatte und sich besonders in den Nächten sehr mit seinem Husten quälen mußte, *die Nächte waren besonders schlimm für ihn und für mich. Von allen Nächten meines Lebens waren es sicher die schlimmsten. Ich schlief nicht, ich lag da und hörte Lasse husten.*[59] Aber sie hatte gespürt, daß ihr Kind Ruhe brauchte und nicht von einem zum anderen gereicht werden konnte. *Erzähl mir jetzt nicht, wie leicht man Kinder von hier nach da verpflanzen kann, weil sie sich so leicht anpassen. Nichts verbittert mich mehr, als wenn jemand von der Behörde so etwas behauptet.*

1928 lernte Astrid Ericsson in dem neuen Büro Sture Lindgren kennen, und *1929 wußte er, was er wollte.* Sture, Jahrgang 1898, war in Malmö geboren, wo sein Vater als Zollbeamter arbeitete und ein Haus besaß. Der junge Sture war wegen seiner kaufmännischen Ausbildung nach Stockholm gekommen und dort geblieben. Er hatte eine Stellung beim Motormännens Riksförbund, dem schwedischen Automobilclub, übernommen, war in dessen Auftrag viel im Ausland auf Konferenzen und Reisen gewesen, besaß Lebensart und *hatte viel Humor.* Er mietete eine

*Astrid Ericsson
als Verlobte*

Wohnung in Astrid Ericssons Nähe und *hat dort für mich gekocht. Da bekam ich plötzlich genug zu essen!*

Im Frühling 1930 brachte Astrid Ericsson ihren Sohn nach Näs zu den Großeltern. *Das war der Mai, die schönste Zeit, und er merkte, wie gut das Leben auf dem Lande ist!* Die letzten Erinnerungen an seinen Keuchhusten verflogen, und *mein Vater mochte Lasse von Anfang an sehr, meine Mutter auch. Lasse stand ihr am nächsten, weil er das erste Enkelkind war.*

Während sich der Junge in einen echten Småländer verwandelte, beschlossen Astrid und Sture zu heiraten, und Astrids Mutter beschloß, die Tochter noch einmal ein halbes Jahr nach Näs zu holen, damit sie alles lernte, was eine Ehe- und Hausfrau können muß, besonders kochen. Also noch ein Sommer in Näs, ein Sommer mit den Eltern, mit Bruder und Schwester und mit dem eigenen Kind. Stina war in diesem Sommer auch zu Hause, und sie war *wie eine zweite Mutter für Lasse, nur strenger. Sie liebten sich gegenseitig.* Der Junge hatte genauso wie vor einer Generation die Ericsson-Kinder *alle Menschen, die auf dem Hof arbeiteten, zur Verfügung.* Er konnte sich diejenigen aussuchen, mit denen er gern zusammen war. Als er drei Jahre später mit seiner neugeborenen Schwester wieder in Näs war, sagte er: «Ich bin so glücklich. Ich habe eine Schwester, eine Cousine, eine Katze und ein Fahrrad!»

55

Sture Lindgren hatte in der Vulcanusgatan nur eine kleine Wohnung, die aus einem Zimmer und einer Kochecke bestand. Weil die Hausmeisterin wußte, daß er heiraten wollte, hatte sie ihm eines Tages gesagt: «Hier gibt's auch Wohnungen mit zwei Zimmern und einer Halle dazwischen!» In dieser Wohnung, die sie mit einzelnen Möbelstücken einrichteten – *wir wollten kein Meublement!* –, blieben Lindgrens von 1931 bis 1941.

Damals ergab sich noch etwas anderes, das eine wesentlich größere Rolle in Astrid Lindgrens Leben spielen sollte als diese erste Ehewohnung. Vater Lindgren hing sehr an seinem einzigen Sohn, und als feststand, daß Sture in Stockholm bleiben würde, *weinte er*, obgleich die Schwiegereltern mit Astrid *sehr einverstanden* waren. Nur: er hätte den Sohn so gern bei sich behalten, und wenn dieser schon nicht nach Malmö zurückgehen wollte, warum nicht das Haus in Malmö verkaufen und zum Sohn ziehen? *Das Haus bedeutete ihm nichts im Vergleich zu der Idee, mit seinem Sohn zusammenzuleben.* Sture wollte jedoch unabhängig bleiben, auch nach der Heirat, so daß Vater Lindgren eine andere Wohnmöglichkeit in der Nähe von Stockholm suchte. So stieß er auf das Haus in Furusund, das später eine so große Rolle in Astrid Lindgrens Leben spielte. 1934 wohnten die Schwiegereltern zum erstenmal zur Miete in dem ehemaligen Lotsenhaus, und es gefiel ihnen dort so gut, daß sie es ganz und gar besitzen wollten. Sie besprachen den Plan mit Astrid und Sture, die eine Hypothek auf das Haus in Malmö aufnahmen, damit die Schwiegereltern Bargeld zur Verfügung hatten, und 1939 ging das Haus in ihren Besitz über. Es war alt und verwohnt und deshalb billig. Der Vater konnte das Leben auf dem Lande jedoch nicht mehr lange genießen. Er starb 1940, und da die Witwe nicht in ein Heim ziehen wollte, blieb sie allein in Furusund wohnen, fast bis zu ihrem Tode im Jahre 1947. Danach übernahm Astrid Lindgren das Haus, ließ Strom legen, baute es zwar nicht um, machte es aber *bewohnbar* und brachte es in den Zustand, in dem es heute noch ist.

Seither zieht Astrid Lindgren in jedem Sommer aus der Stadt in dieses Haus auf der Insel, in dem sie Ruhe sucht und findet. Das Haus liegt direkt am Wasser, am Sund. Die Fähre zur nächsten Insel, die man hier Schäre nennt und hinter der abermals eine Insel liegt und dann erst das Meer, die offene Ostsee, ist ein paar hundert Meter entfernt. Rot und weiß das Haus zwischen Büschen und Bäumen, unten eine verglaste Veranda, zu der seitlich vom Garten eine weißgestrichene Treppe hinaufführt. Oben ein kleiner Balkon, weißgestrichenes Holzgeländer. Das Haus steht halb auf einem dunklen Felsblock, riesig, aber sanft und rund geschliffen, sicher von den Gletschern der Eiszeit wie ein Kiesel hierhergerollt. Der Weg, an dem das Haus steht, heißt nach Strindberg, der dort Anfang des Jahrhunderts in den Sommermonaten gewohnt hat, wie viele Stockholmer Künstler und Schriftsteller, die diese Insel bevorzugt haben. Als Astrid Lindgren einzog, kam ihr der jetzige Besitzer des Strindberghauses entgegen und rief: «Das sag ich dir: so berühmt wie der wirst du niemals werden!»

1931 hätte sie selbst nicht daran gedacht. Im April holte Astrid den Sohn wieder nach Stockholm, *da sprach er im echtesten Småländisch!* So war die kleine Familie vollständig, und Astrid Lindgren richtete sich im Eheleben ein. Außerdem erledigte sie zu Hause wieder alle möglichen Auftragsarbeiten, schon aus finanziellen Gründen. Das waren weitere Reisebücher für den Automobilclub und die ersten Texte, die auf ihre spätere Karriere hindeuten: *Wenn ich knapp bei Kasse war, geschah es schon, daß ich das eine oder andere kleine närrische Märchen aufschrieb und an eine Wochenzeitung verkaufte, aber im Großen und Ganzen blieb ich meinem Vorsatz, keine Dichterin zu werden, treu.*[60] Sie hätte nicht im Traum daran gedacht, diese *närrischen* Kleinigkeiten oder gar die Werbe- und Sachtexte, die sie nur zum Auffüllen der Haushaltskasse geschrieben hatte, als Literatur zu bezeichnen.

Die Ehejahre brachten auch einen gesellschaftlichen Wechsel. Sture Lindgren mochte gern Menschen um sich haben, er hatte Zechkumpane, die ein vergnügtes Leben liebten, doch er spürte, daß seine Frau diese alten Freunde nicht sonderlich schätzte. So konzentrierte er sich mehr auf neue in- und ausländische Freunde, die er bei seiner Arbeit im Automobilclub kennengelernt hatte, und weil, wie Astrid Lindgren sagte, *ich alle Menschen mag, kam ich auch damals zurecht.* Zu diesem Freundeskreis gehörte eine Reihe von jungen Leuten, man ging viel miteinander aus, in Restaurants, doch Astrid Lindgren *mochte diese Gesellschaft nicht unbedingt*, sie war immer gern zu Hause und hätte lieber gelesen. So mußte einer sich an den anderen anpassen und umgekehrt.

1934 wurde die Tochter Karin geboren, und dann *war ich Familienmutter*[61]. Es gab viel im Haushalt zu tun, *man hatte noch keine Waschmaschine*, und die Wohnung in Stockholm war eng. In einem Zimmer schliefen die Kinder, im anderen, im Wohnzimmer, Sture und Astrid. *Abends mußten unsere Betten aufgeschlagen werden.*

Astrid hatte nacheinander verschiedene Haushaltshilfen, die täglich ein paar Stunden kamen, immer nur etwa ein halbes Jahr, bis sie endlich Linnéa fand, die zwölf Jahre bei ihr blieb. *Damals schrieb ich noch nicht. Ich hatte nicht einmal die Absicht, Bücher zu schreiben. Überhaupt nicht.* Sie hatte die Absicht, eine gute Mutter zu sein, getreu ihrem Grundsatz: *Ich finde, wenn die Kinder klein sind, muß entweder der Vater oder die Mutter zu Hause sein.* Bei den Lindgrens ging der Herr Direktor ins Büro, also war seine Frau diejenige, die mit den Kindern jeden Tag spazierenging, in die *Wildnis*, und mit ihnen spielte. Sie kletterte in Bäume und Felsen, sie erzählte ihnen Geschichten, sie las ihnen jeden Abend vor, und dann erzählte sie wieder Märchen und Selbsterfundenes, zum Beispiel von einem Troll, dem sie den Namen Klumperdidussduss gaben. Wie ein Echo aus der eigenen Kindheit: *Wir spielten und spielten…*

Astrid Lindgren begann, wie sie später über die Jahre kurz nach ihrer Heirat sagte, *das Leben trotzdem gar nicht so schlecht zu finden. Vielleicht konnten die Menschen doch besser und glücklicher werden, vielleicht würde es nie wieder Krieg geben. Nun war ich fünfundzwanzig Jahre alt, keine unsichere Fünfzehnjährige mehr, keine jazzverrückte Siebzehnjährige, auch keine unglückliche Neunzehnjährige, sondern eine recht ruhige und ausgeglichene Fünfundzwanzigjährige, die mit Zuversicht die Zukunft sah. Aber da, gerade zu der Zeit berichtete die Zeitung von der Buchverbrennung in Berlin. Ich hatte zwar schon früher von einem Mann namens Hitler gehört, mich aber nicht besonders darum gekümmert. Nicht bevor ich von der Buchverbrennung las. Da verstand ich. Ich begriff, daß man nicht in Ruhe abwarten und glauben konnte, daß die Welt sich bessern würde. Schlimme Zeiten kamen auf uns zu, so viel war mir klar.*[62]

Nie wieder Krieg, nie wieder Gewalt. Noch war das nur ein Gefühl, eine Empörung, auch ein Vorgeschmack von Ohnmacht. Aber das intensive Leben mit den eigenen Kindern, die Erinnerung an den Frieden von Näs ließen sie empfindlich und empfänglich werden für die Leiden der Kinder und die Bedrohungen, die auch die Unschuldigen trafen. Schon in ihrem ersten Mädchenbuch, das mitten im Krieg geschrieben und 1944 verlegt wurde, stellte sie im Hinblick auf die Flüchtlinge dieses Krieges die Frage: *...ob es jemals so in der Welt werden wird, daß alle Kinder in Sicherheit leben können?*[63]

«*Nie wieder Gewalt!*» wird 35 Jahre später der Titel einer ihrer berühmtesten Reden lauten, zur Verleihung des Friedenspreises des Deutschen Buchhandels.

Für die Lindgrens dagegen folgten ruhige und friedliche Jahre: für Astrid keine Büro-Aushilfen mehr, keine Konferenz- und andere Gelegenheitsarbeiten, Vollbeschäftigung mit der eigenen Familie, Sommerwochen in Furusund, Sommerwochen in Näs.

Gunnar hatte unterdessen ein Jahr lang die Landwirtschaftsschule besucht und als Praktikant, einmal auch als Schafhirt gearbeitet, und danach stellte ihn Samuel August an. Gunnar zog mit Gunhild, seiner Frau, in eine kleine Wohnung im ersten Stock des Elternhauses. Als sie Kinder bekamen, bewohnten sie das ganze Haus, und er wurde Pächter von Näs, ein Ericsson in der dritten Generation. Für Gunhild war es nicht leicht, als junge Bäuerin in Näs anzufangen. *Meine Mutter war sehr tüchtig und klug. Das Gesinde hat sie geachtet, weil sie es mit Autorität behandelte. Gunhild fürchtete, sie könne es nicht so gut machen wie meine Mutter. Und sie konnte sich nicht verstellen. Sie war wie sie war. Vater war ja ein Engel, aber mit Mutter war es nicht leicht.*[64]

Erst 1961, nach dem Tode von Hanna, wurde Gunhild der Mittelpunkt von Näs. *Gunhild bedeutete allen so viel!*

Gunnar begann als Pächter sofort, sich politisch zu betätigen, organisierte den Jugendverband der schwedischen Landbevölkerung, Sveriges Landsbygds Ungdomsförbund, abgekürzt SLU, wurde der Riksombudsmann dieser Partei und schließlich in den Reichstag gewählt. Diese Arbeit war mit vielen Reisen verbunden, und deshalb mußte der alte Vater wieder einspringen, tat es auch gern, obgleich er nie den Stolz auf seinen Sohn eingestand, sondern nur sagte: «Er macht es ganz gut.» In dieser *Zeit hat Gunnar viel Zeit in Zügen zugebracht und dabei Finnisch gelernt, danach für eine finnische Zeitung geschrieben und nach dem Krieg bei den Hilfsaktionen für Finnland mitgearbeitet.* Er war und blieb vielseitig interessiert, er malte sehr gut, hatte später in Wien eine Ausstellung, schrieb politische Satiren und Bücher.

1935 verbrachte Astrid Lindgren den ersten Sommer mit beiden Kindern bei den Schwiegereltern in Furusund. Stina, die gerade eine unglückliche Liebe hinter sich hatte, kam auch dazu, und damit begann eine Tradition, die heute noch besteht: den Winter verlebte Astrid in Stockholm, den Sommer mit Familie und Freunden am Meer, so wie es Astrid Lindgren später in den *Ferien auf Saltkrokan* festhalten wird. Auf Furusund konnten auch ihre eigenen Kinder so frei toben und spielen, wie es Astrid Lindgren aus der eigenen Kindheit kannte.

Lasse war immer ein selbständiges Kind *und machte, was er wollte.* Als er zehn Jahre alt war und auf die höhere Schule ging, veranstalteten die älteren Schüler ein Fest, und die Gymnasiasten blieben auch am Abend noch in der Schule und tanzten. *Aber Lasse kam nicht heim!* Also ging Astrid Lindgren nach einer Weile in die Schule und fragte auf dem Weg einen Wachtmeister, der seine Runde abging, ob er ein Kind gefunden hätte. *«Ach, der ist da zwischen den Großen!» Und wirklich, da ging er ganz zufrieden zwischen den Großen hin und her und schaute sich alles an!* Er hat nie verstanden, *daß ich wissen wollte, wo er war!*

Eine zweite Geschichte, Schauplatz Furusund im Sommer, als Lasse neunzehn war: zwei Feriengäste hatten auf eine Nachbarinsel gewollt und Lasse, der gerade sein Boot klarmachte, gefragt, ob er sie zum Tanzplatz hinüberrudern würde. *Er hatte nur sein T-Shirt an, er hat die Damen auf die Insel gebracht und hat dort die Ruderblätter versteckt, damit sie keiner finden konnte, und beim Tanzen zugeschaut. Es gibt aber nun gewisse Dinge, die eine Mutter wahnsinnig vor Angst machen können: Sturm zog auf, und um Mitternacht immer noch kein Boot und kein Lasse daheim. Vielleicht war er abgetrieben nach Finnland, dachte ich, oder das Boot gekentert. Was sollte ich tun?* Astrid Lindgren lief also die paar Schritte zum Gasthaus, neben dem der Zollschuppen steht, traf dort hilfsbereite Nachbarn, und zum Schluß fuhren sie alle miteinander auf dem Zollboot hinaus, und Astrid Lindgren rief unablässig über das dunkle Wasser: *«Lasse! Lasse!» Um drei Uhr kamen wir zurück, und da stand Lasse in seinem kleinen dünnen Hemd – ach, wie war ich so glücklich!* Lasse hatte die Ruderblätter so gut versteckt, daß er sie selber nicht wiederfinden konnte, und in der Finsternis hatte er stundenlang danach suchen müssen. Astrid Lindgren wollte ihn in ihrem Glück diese Nacht *ganz dicht bei mir haben*, was die Schwiegermutter, die im Sommer auch auf Furusund war, für vollkommen überspannt und albern hielt.

Astrid Lindgren hat sich immer Sorgen um Kinder und Familie gemacht. Der Schwiegersohn war ein leidenschaftlicher Segler und wollte im Sommer vor seiner Heirat mit seinem Bruder nach Finnland segeln. Er verabschiedete sich also von Karin bei ruhigstem, schönem Wetter und versprach, nach einer bestimmten Zeit anzurufen. Dann briste es auf *und stürmte, daß das Haus zitterte*. Tagelang kein Anruf. Schließlich benachrichtigten sie den Seerettungsdienst, aber zur gleichen Zeit *polterte es auf der Treppe, und da standen sie!* Sie waren abgetrieben worden, in eine ganz andere Richtung, *und dann hatten sie kein Kleingeld zum Telefonieren!* Astrid Lindgren aber hatte in diesen Wartestunden immer denken müssen: *Ach die Kinder, die Hans und Karin bekommen werden, sind nun verloren!*

Noch einmal verloren kamen ihr die eigenen Kinder während einer Urlaubsreise nach Sardinien vor. Die drei, Lasse, Karin und ihr Mann, hatten sich eine Tour ausgedacht, deren Kinder aber, noch klein, wollten nicht mit, sondern lieber baden, und Astrid Lindgren hütete mit Vergnügen ihre Enkel. Aber dann hatten die drei eine Autopanne, und Astrid Lindgren *stellte sich vor, sie sind in eine Schlucht gestürzt, und ich bin nun mit den armen kleinen Waisenkindern allein...*

Etwas von dieser Urangst, *gegen die man ja gar nichts machen kann*, hat Astrid Lindgren auf eine ihrer Figuren abgeladen, auf den Vater Melcher aus *Saltkrokan*, der *etwas von meiner Angst hat und sich nachts im Bett, wenn er nicht einschlafen kann, zur Beruhigung Gedichte aufsagt*.

Familienmutter und Schriftstellerin

Bis 1937, bis Lars elf Jahre alt wurde, war Astrid Lindgren nichts als Familienmutter. *Eine Frau hat das Recht, einen eigenen Beruf zu haben, selbständig zu sein und Geld zu verdienen, aber wenn sie Kinder bekommt, so sollte sie diese so lieben, daß sie mit ihnen gerne zumindest die ersten Jahre verbringt. Sie sollte nicht denken: was für eine Schande, daß ich jetzt an die Kinder gebunden bin!*[65] Astrid Lindgren hat diese Zeit genießen können, weil Sture genug verdiente und weil sie das Geld für die Familie gut einzuteilen verstand. Aber in diesen Jahren, in denen sie oft genug in den Parks oder auf den Spielplätzen Stockholms andere Mütter, andere Kinder und andere Lebensumstände kennenlernte, sammelte sie Erfahrungen, die sie später zu ganz unorthodoxen Urteilen kommen ließen. *Einmal hat es bei uns eine Umfrage gegeben: Warum werden nicht so viele Kinder geboren, wie wir Schweden brauchen, um nicht auszusterben? Da hab ich geschrieben: Dafür braucht ihr gar kein Geld auszugeben, das sage ich euch jetzt umsonst, aber das wißt ihr auch selber! Frauen können das einfach nicht aushalten – morgens die Hetze, los, los!* Die Kinder, die trotzdem geboren würden, müßten es ausbaden. Astrid Lindgrens Gegenvorschlag: *Keine Steuer ab dem dritten Kind, vier Jahre lang. Eine sozialdemokratische Zeitung hat gleich geschrieben: Ein sehr reaktionärer Vorschlag! Typisch Astrid Lindgren!* Aber genau das war wieder eine sehr typische Reaktion von Männern, die die Kindererziehung ihren Frauen überließen, von der Wirklichkeit also keine Ahnung hatten und deshalb ungestört auf ihren politischen Theorien herumritten.

Astrid Lindgrens Vorstellung nicht von einem idealen, aber einem erträglichen Zustand sah so aus: man müßte ökonomische Voraussetzungen dafür schaffen, daß die Frauen wirklich wählen können, wie sie sich zwischen Arbeit und Familie entscheiden wollen. Sie selbst wurde und wird immer wieder als Beispiel für die gute und glückliche Vereinbarkeit von Familie und Beruf zitiert, aber sie wehrt jede Verallgemeinerung ab. *Ja, ich hatte sehr viel Vergnügen mit meinen Kindern, aber genau das muß sich eine Familie leisten können.*

Astrid Lindgren begann 1937 wieder zu arbeiten, nach Aushilfsarbeiten als Konferenzstenografin bei Harry Söderman, einem Kriminologen und Dozenten an der Stockholmer Universität, der durch ihre Tüchtigkeit bei einer dieser Konferenzen auf sie aufmerksam geworden war. Bei ihm lernte sie nun, daß Stockholm und Schweden nicht die Welt sind. Söderman kannte einen gewissen Dr. Katz, und Astrid Lindgren bekam mit, daß dieser Herr Katz jeden Abend bei seinem Bruder in Berlin anrief, weil sich Harry Söderman eines Morgens nach diesem Bruder und nach der Lage Verfolgter in Deutschland erkundigte. *Ich hatte sicher ein paar Monate lang nichts von meinem eigenen Bruder gehört, und ich erfuhr nun, daß es Leute in Stockholm gibt, die jeden Abend nachfragen, ob ihre Angehörigen in Deutschland noch in ihrer alten Wohnung sind, noch leben, noch nicht verschleppt sind. Und jener Dr. Katz? Sein Bruder kam ins KZ. Seine Schwägerin starb an einem Herzschlag. Von diesem Augenblick an habe ich die Nazis gehaßt.*

Dieses Erlebnis mag dazu beigetragen habe, daß Astrid Lindgren begann, ein Tagebuch zu führen. Sie benutzte es jedoch nicht, um einen stummen Partner für private Gefühle zu haben, sondern ganz im Gegenteil: sie notierte penibel wie ein Chronist dasjenige, was außerhalb im öffentlichen Raum geschah, so als ob sie es nicht glauben könnte, wenn sie es nicht schwarz auf weiß festhielt und belegte. *Ich fing an, Tagebuch zu schreiben, um meine Erinnerung auf dem laufenden zu halten und mir ein Gesamtbild davon zu machen, was draußen in der Welt geschah und welche Auswirkungen das auf uns hatte.* [66]

Am 1. September 1939 notierte sie: *Heute hat der Krieg angefangen. Niemand wollte es glauben. Gestern nachmittag saßen Elsa Gullander und ich noch im Vasapark, die Kinder tobten um uns herum und spielten, und wir schimpften ganz gemütlich auf Hitler und waren uns einig, daß es wohl keinen Krieg geben würde. Und dann das heute! Die Deutschen haben heute in aller Frühe polnische Städte bombardiert und dringen von allen Seiten nach Polen ein. Ich habe das Hamstern so lange wie möglich vermieden, aber heute doch ein bißchen Kakao, ein bißchen Tee, ein bißchen Schmierseife und einiges andere gekauft.* Und schon am zweiten Tag des Krieges, am 2. September 1939, notierte sie: *Das Urteil der Geschichte über Adolf Hitler muß furchtbar ausfallen, wenn es nun zu einem neuen Weltkrieg kommt.* In die Tagebücher, die sie in den kommenden Kriegsjahren schrieb, legte sie regelmäßig Nachrichten und Artikel, die sie sich aus allen Zeitungen ausschnitt, derer sie habhaft werden konnte. *Ich lerne jetzt tagsüber Geschichte. Eine ungeheuer beklemmende Lektüre.* Sie verfolgte die Entwicklung an allen Fronten, notierte ihre Beurteilung der außenpolitischen Lage und berichtete vom Krisenleben in Stockholm, wie es die Familie Lindgren beeinflußte oder nicht, am 4. September 1939: *In einer Ecke der Küche habe ich heute mein kleines Hamsterlager angelegt. Es besteht aus 2 kg Zucker, 1 kg Würfelzucker, 3 kg Reis, 1 kg Speisestärke, 1 kg Kaffee in verschiedenen Dosen, 2 kg Schmierseife, 2 Paketen Persil, 3 Stücken Seife, 5 Päckchen Kakao, 4 Päckchen Tee und Gewürze. Ich habe Schuhe für mich und die Kinder gekauft, bevor die Preise steigen: 2 Paar für Karin à 12,50, 1 Paar für Lars à 19,50 und 1 Paar für mich à 22,50.* Im November beschäftigte sie vor allem das politische Schicksal Finnlands, so schrieb sie am 30. November: *Am liebsten möchte ich nicht mehr leben, die Russen haben heute Helsinki bombardiert und andere Orte in Finnland. Man hat massenhaft Kleider und Geld gesammelt. Ich war vorgestern auf dem Boden und habe alles herausgesucht, was ich fand.* Es bestand der Plan, die Kinder aus Stockholm und Umgebung zu evakuieren. *Lars ist mit einer Ausrüstungsliste aus der Schule nach Hause gekommen... Und ich bin heute im Kaufhaus gewesen und habe Rucksäcke und Unterkleidung für den Jungen gekauft.*[67]

Das Schreiben und Formulieren machte ihr Spaß, und Ende 1939 nahm sie zu Fragen der Kindererziehung Stellung, die international bereits in den Jahren diskutiert wurden, in denen das sogenannte Dritte Reich noch einmal eine starke Autorität aufbaute. Adolf Hitler nahm die Erziehung so aus den Händen der Eltern und übertrug sie der Partei, daß es selbst nach dem Kriegsende über zwanzig Jahre dauern sollte, ehe die Allgemeinheit in Deutschland sich mit den Ideen befreundete, für die sich Astrid Lindgren rund dreißig Jahre zuvor leidenschaftlich einsetzte. Sie nannte 1939 das, was nach 1968 «antiautoritär» heißen würde, noch so, wie es damals üblich war: freie Erziehung. Diese wurde in Schweden empfohlen, aber obgleich die Pädagogen willens waren, sich von Begriffen und Praktiken wie «den Trotz brechen» zu trennen, zögerten sie doch sehr, auf das Züchtigungsrecht zu verzichten. Das wurde in der Tat erst 1958 aus der schwedischen Volksschulverordnung gestrichen.

So schrieb Astrid Lindgren unter dem Titel *Revolte der Jugend* einen Leserbrief an «Dagens Nyheter», der am 7. Dezember 1939 veröffentlicht wurde. *Es ist nicht leicht, ein Kind zu sein, las ich neulich in einer Zeitung, und ich war baß erstaunt, denn schließlich liest man nicht jeden Tag etwas in der Zeitung, das wirklich wahr ist. Hier spricht ein Revolutionär.* Dann zählt sie auf, wofür und wie selbstverständlich Gehorsam von Kindern verlangt wird, und fragt, *was passieren würde, wenn man anfinge, die Großen in dieser Art zu behandeln.*

Dieser Leserbrief zeigt zwei Dinge, die für Astrid Lindgren charakteristisch waren und blieben: was sie auch zu sagen hatte, sie formulierte treffend und scharf, aber nie ohne zumindest einen Funken Ironie oder Humor. Und: sie stand von Anfang an auf der Seite der Kinder, unerschütterlich, leidenschaftlich und mit unorthodoxer Phantasie.

Im April 1940 wurde Sture Lindgren einberufen, und die Ehefrau hielt im Tagebuch die Beschreibung des Landsturmmannes 692/1918 Lindgren fest. *Ein kleines, kleines Käppi mit einem Schirm ganz oben über dem Scheitel und ein phantastisch häßlicher und schlecht sitzender Uniformrock. Darunter eine kurze Jacke sowie zu enge Hosen, die über den Bauch spannen. Er hatte seit dem Mittagessen keinen Happen gegessen, als gestern der Einberufungsbefehl kam. Er brachte es einfach nicht über sich, aus fettigem Kochgeschirr zu essen. Die Nacht hatte er vollständig angezogen, mit seiner Ziviljacke zugedeckt, auf dem Fußboden verbracht, mit einem bißchen Heu als Unterlage. Er hat gefroren wie ein Hund.* Sture Lindgren leistete jedoch *keinen Kriegsdienst.* Er machte wie alle Schweden im entsprechenden Alter eine Grundausbildung durch, *aber er fand es so schrecklich, daß er nach Hause ging, und da blieb er.*[68]

Bei Harry Söderman arbeitete Astrid Lindgren bis 1940. Söderman hatte in diesen Jahren ihre Zuverlässigkeit zu schätzen gelernt und fragte sie, ob sie eine Kriegsarbeit übernehmen und noch zehn andere zuverlässige Frauen nennen könne. Nein, zehn kannte Astrid Lindgren nicht, nur drei, darunter ihre treue alte Freundin Madicken, die unterdessen auch verheiratet war, in Stockholm wohnte, ebenfalls einen Sohn hatte und später für den Verlag Rabén als Lektorin arbeitete. So bekam Astrid Lindgren 1940 eine geheime Anstellung bei der Abteilung Briefzensur des Nachrichtendienstes. Sie konnte sich die Arbeitszeit einteilen, konnte die Briefe auch abends und zu Hause lesen und hatte wieder Zeit, sich tagsüber den Kindern zu widmen, was sie der festen Arbeit im Büro vorzog. Sie wurde zu strengem Schweigen verpflichtet, wurde jedoch durch die Lektüre immer wieder so erschüttert, daß sie sich wenigstens im Tagebuch Luft machen mußte. Im Oktober 1940 notierte sie: *Solange man nur in den Zeitungen über Krieg liest, glaubt man nicht so recht daran. Aber wenn die Briefe erzählen, daß «Jacques' beide Kinder bei der Okkupation von Luxemburg starben», dann wird er plötzlich grausame Wahrheit.*

Die Gewalt brach nicht in ihr eigenes Leben ein, aber Astrid Lindgren gab ihr in den Kriegstagebüchern eine Gestalt, die später in ihren Büchern wiederkehren wird. Sie verglich Hitler im Mai 1940 mit dem Untier aus der Offenbarung Johannis, *nach meiner Meinung und vieler anderer auch ein Zerstörer seines Volkes und einer, der Abenddämmerung über die Kultur bringt.* Nachdem Polen und Frankreich besiegt worden waren, notierte sie: *Deutschland ist wie ein bösartiges Untier, das in gleichmäßigen Abständen aus seiner Höhle hervorgeschossen kommt und sich auf ein neues Opfer stürzt...* Es ist nicht weiter erstaunlich, daß sie zu den Schweden gehörte, die ganz entschieden gegen die Nachgiebigkeit ihrer Regierung protestierte, deutsche Truppentransporte durch Schweden zu erlauben als Vorbereitung für den deutschen Überfall auf Rußland. *Heute,* notierte sie am 8. Juni 1941, *beunruhigende Gerüchte über Gotland. Deutsche Truppentransporte fuhren an Gotlands Westküste vorbei und waren merkbar nervös. Mehrere Chefs schrieben förmliche Abschiedsbriefe an ihre Lieben.* Empört war sie auch über den Antisemitismus, der mit dieser Nazi-Sympathie auch in Schweden aufflackerte: *Neulich stand ein Schild in einer Buchhandlung in der Beridarebansgatan: Kein Zutritt für Juden und Halbjuden – es kam zu einem Volksauflauf und großer Aufregung. Dann ist der Besitzer vermutlich aufgefordert worden, sein Schild so anzubringen, daß es von der Straße nicht zu sehen ist.*

Das Jahr 1941 brachte für Lindgrens einen guten Wechsel. Als das junge Paar 1931 in die Zwei-Zimmer-Wohnung in die Vulcanusgatan gezogen waren, *hatte der Hausmeister noch gesagt: Ihr könnt ein halbes Jahr ohne Miete hier wohnen! So viele leere Wohnungen gab es.*[68] In dem folgenden Jahrzehnt war die Familie gewachsen, waren die Kinder Schulkinder geworden, sie brachten Freunde mit heim, und Sture Lindgren war unterdessen Direktor von Motormännens Riksförbund. Die Familie konnte es sich also leisten, eine größere Wohnung zu suchen. Lindgrens zogen um in die Dalagatan, in der Astrid Lindgren heute noch wohnt. In der neuen Wohnung bekam jedes Kind sein eigenes Zimmer, *und eigentlich war sie uns viel zu teuer, aber Gott sei Dank haben wir sie genommen, ich verdiente ja auch, denn danach war es plötzlich nicht mehr möglich, eine Wohnung in Stockholm zu finden. Man mußte Schlange danach stehen.*[68]

Aber ihre Freude war überschattet. *Ich kann es nicht lassen, mich über unsere schöne Wohnung zu freuen*, notierte sie im Tagebuch, *obwohl mir ständig bewußt ist, daß es uns unverdient gut geht, während so viele nicht einmal ein Dach über dem Kopf haben.*[69]

Im Herbst 1941 bekam Karin, sieben Jahre alt, Lungenentzündung. Es war noch die Zeit der Hausmedizin, eine Krankheit dieser Art verlief gefährlich. Als das Schlimmste vorbei war, bat und bettelte Karin wie alle Kinder während einer langweiligen Rekonvaleszenz: «Mama, erzähl mir bitte was!» Auf diese Weise wurde Pippi Langstrumpf geboren, *denn: «Was soll ich dir erzählen?» fragte ich nach Mütterart. «Erzähl von Pippi Langstrumpf!» bat Karin eines Abends. Sie hatte den Namen in diesem Augenblick erfunden, und ich begann zu erzählen, ohne zu fragen, was für eine Person diese Pippi Langstrumpf sei. Man hörte es ja am Namen, daß es ein eigentümliches Mädchen war, und ein eigentümliches Mädchen wurde sie auch in meiner Geschichte. Meine Tochter liebte sie von Anfang an, und das taten auch ihre Spielkameraden.*[70]

Astrid Lindgren erzählte und spielte wie immer mit den Kindern, aber sie notierte nicht ohne Bitterkeit: *Dank des Krieges verdiene ich 385 Kronen im Monat,* doch sie hielt auch fest, wie sich die Einstellung ihrer Mitmenschen im Laufe der Kriegsjahre verändert hatte. Am 5. September 1942 schrieb sie ins Tagebuch: *Früher redete man vom Krieg wie von etwas Heiligem, nun betrachtet man ihn wie ein notwendiges Übel, an das man so wenig wie möglich denkt und worüber man so wenig wie möglich redet. In Wirklichkeit redet man darüber, wie wenig Fleisch man auf Karten bekommt und wie viele Eier man kürzlich erwischt hat und daß es im Winter kalt werden wird in den Häusern... Dabei haben wir ja immer noch genügend zu essen... Ich dachte an die russischen und französischen Kriegsgefangenen in den deutschen Häfen, laut Briefen von schwedischen Seeleuten sind sie schrecklich ausgehungert und suchen nach Kartoffelschalen in Abfalltonnen. Trotz allem – wir vergessen den Krieg nicht. Er ist die ganze Zeit da wie eine Verzweiflung tief unten, und sie wird verdünnt durch die Be-*

richte in den Zeitungen. In Griechenland sterben immer noch täglich tausende von Menschen vor Hunger...[71]

Gegensätze, die nicht überbrückbar waren: Familien-Sommer in Furusund, Kinder, die schwimmen lernten, strahlendes Sommerwetter und August 1943: *Endlich, endlich sind die Transporte durch Schweden vorbei... Die furchtbaren Bombardements in Deutschland gehen weiter. Wenn man die Schilderungen von Hamburg liest, muß man weinen. Daß es noch Kinder gibt, das ist herzzerreißend, unerträglich... Wie müssen sie leiden, die armen Mütter auf diesem wahnsinnigen Erdball.*[71] Als sie von einem gesunkenen U-Boot hörte, *versuchte ich mir vorzustellen, ich hätte Lars dabei, man glaubte, sie säßen lebendig auf dem Grunde des Meeres – und allein die Vorstellung reichte, um eine Furcht in mir zu schaffen, die unerträglich war. Wie wird es erst für jene sein, für die es keine Einbildung, sondern grausame Wirklichkeit ist?*[71]

Ihr war aber ebenso klar, daß nicht alle dachten oder empfanden wie sie. *Großmutter Lindgren ist so munter und optimistisch in diesen Tagen. Sie glaubt, wenn nur der Frieden kommt, kommt das Glück. Sie glaubt vermutlich, daß die Menschheit wieder glücklich wird, wenn der Kaffee freigegeben und die Rationierung aufgehoben wird, hier und im Ausland. Aber die unaussprechlichen schrecklichen Wunden, die der Krieg geschlagen hat, werden nicht mit einem bißchen Kaffee geheilt. Der Frieden kann den Müttern nicht ihre Söhne zurückgeben, den Kindern nicht ihre Eltern, den kleinen Kindern aus Hamburg und Warschau nicht das Leben. Der Haß ist nicht an dem Tag vorbei, an dem der Friede kommt. Die, denen die Anverwandten in den Konzentrationslagern zu Tode gequält wurden, vergessen nichts, nur weil Friede kommt...*[71]

Noch aber, 1943, herrschte kein Frieden, und Astrid Lindgren ließ die eigenen Kinder nicht im unklaren über den Zustand der Welt. Sie stand auf ihrer Seite, aber sie forderte von ihnen Anteilnahme. *Es tobten die Kinder um mich herum, daß ich nicht mehr schreiben konnte*, als sie im Radio hörten, daß die Italiener die Alliierten nach ihrer Landung in Süditalien mit weißen Fahnen und Laken empfingen. *Gestern abend, am 8. September, saß ich an Karins Bett und las ihr vor, als Lars hereinkam und sagte, Italien habe die Kapitulation bedingungslos angenommen. Das war ja zu erwarten, aber nichtsdestoweniger war es ein ganz besonderes Gefühl, ein Datum zu erleben, das Zeichen setzen würde für diesen Krieg. Und ich gab beiden Kindern 25 Öre zur Erinnerung.*[71] Und noch einmal eine Eintragung, die zeigt, wie tief Astrid Lindgren beides empfand, das eigene Glück und die Gewalt des Krieges: *Jetzt haben wir Advent, 29. November 1943, und man fängt an, sich auf Weihnachten zu freuen. Man kuschelt sich am Kaminfeuer zusammen und findet es wunderbar, ein Zuhause zu haben. Ich jedenfalls finde das. Aber ich frage mich gerade, wie sich die Berliner vor dem nahenden Weihnachtsfest fühlen. In dieser Woche hat das totale Bombardement von Berlin angefangen. Stadtteil für Stadtteil*

Sture Lindgren, 1944

wird zerstört... Es gefällt mir nicht, daß die Engländer das tun müssen, um den Krieg zu gewinnen.[71]

Im März darauf, das genaue Datum war der 28. März 1944, hatte es den ganzen Tag geschneit, *und die Straßen waren seifenglatt. Ich wollte abends fortgehen und tänzelte also am Vasapark vorbei, rutschte aus und verletzte mir böse den Fuß. Freundliche Menschen transportierten mich nach Hause, und ich durfte einige Wochen in meinem Bett liegen. Meine einzige Waffe gegen die Langeweile waren ein Bleistift und ein Stenogrammblock – ich war direkt fleißig in Stenographie. Ich begann, die eigentümliche Geschichte von Pippi Langstrumpf herunterzustenographieren. Dieses bemerkenswerte rothaarige Mädchen war ja eine alte Bekannte unserer Fami-*

Astrid Lindgren, 1944: Debütantin

lie... Ich habe nie verstanden, warum Pippi so beliebt war, aber als ich nun so an mein Bett gefesselt war, nahm ich mir vor, ihre Erlebnisse nieder-zuschreiben. Nicht mit den Gedanken an einen Verlag, sondern um sie *meiner Tochter zu ihrem zehnten Geburtstag zu schenken.*[72] Das war der 21. Mai.

Doch als das fertige Manuskript in Reinschrift vor Astrid Lindgren lag, beschloß sie trotzdem, einem Verlag eine Abschrift zu schicken, und zwar mit folgendem Brief: ... *Pippi Langstrumpf ist, wie Sie merken werden, wenn Sie sich die Mühe machen, das Manuskript zu lesen, ein kleiner «Übermensch» in Gestalt eines Kindes, in ein ganz normales Milieu gestellt. Dank ihrer übernatürlichen Körperkräfte und einiger anderer Umstände ist sie ganz unabhängig von allen Erwachsenen und lebt ihr Leben, wie es ihr gefällt. Bei Zusammenstößen mit großen Leuten behält sie immer das letzte Wort. Bei Bertrand Russell lese ich, daß der vornehmliche und instinktive Drang in der Kindheit das Verlangen ist, erwachsen zu werden oder, besser gesagt, der Wille zur Macht, und daß sich das normale Kind in seiner Phantasie Vorstellungen hingibt, die den Willen zur Macht bedeuten. Ich weiß nicht, ob Bertrand Russell recht hat, aber ich bin geneigt, das zu glauben, nach der geradezu krankhaften Beliebtheit zu urteilen, die sich Pippi Langstrumpf in einer Reihe von Jahren bei meinen eigenen Kindern und ihren gleichaltrigen Freunden erfreut hat...* Astrid Lindgren schloß diesen Brief an den Verlag Bonnier mit den Worten: ... *in der Hoffnung, daß Sie nicht das Jugendamt alarmieren!*[73]

Das geschah nicht, aber sie bekam das Manuskript *prompt* zurück. Ja, es wäre originell und humorvoll, aber sie hätten schon so viele Bücher. Das war ungefähr das, was Astrid Lindgren erwartet hatte. Doch unterdessen begann sie mit dem nächsten Buch, *ich hatte Blut geleckt. Ich fand es einfach herrlich zu schreiben, und ich hatte in einer Zeitung eine Anzeige über ein Preisausschreiben für Mädchenbücher gelesen. Im Sommer 44 schrieb ich «Britt-Mari erleichtert ihr Herz...» und bekam den zweiten Preis. Es brachte mich fast um, so glücklich war ich.*[74]

Es handelte sich um das Preisausschreiben des schwedischen Verlags Rabén und Sjögren, und in der Jury saß unter anderem die Bibliothekarin und Märchensammlerin Elsa Olenius, die die 180 eingesandten Manuskripte las und sich für *Britt-Mari* als zweiten Preis entschied. Sie vermutete, daß das unter einer Kennziffer eingereichte Manuskript von einer bekannten Journalistin stammte, und Hans Rabén, der Verleger, hoffte, daß ein möglichst noch bekannterer Schriftsteller der Autor sein möge. Er riß das Kuvert auf und seufzte: «Nee, eine ganz gewöhnliche Hausfrau aus der Dalagatan. Astrid Lindgren.»[75]

Elsa Olenius wollte diese Hausfrau auf jeden Fall kennenlernen, denn sie fand, daß der Roman nicht gleich mit dem ersten Brief eines Mädchens an seine unbekannte Brieffreundin beginnen sollte, sondern daß diese Briefe, die sich wie Tagebucheintragungen, also ohne Antworten der Adressatin, aneinanderreihen und auf höchst erfrischende Art und Weise vom Alltag der fünfzehnjährigen Schülerin aus Småstad (Kleinstadt) berichten, zum besseren Verständnis ein allgemeines Einführungskapitel

Lillehammer 1983: Astrid Lindgren mit Elsa Olenius

brauchten. Das war kein Problem für Astrid Lindgren, und auch in diesen vier Seiten Auftragstext zeigte sich schon ihre Begabung zum Schreiben. Sie stellte die handelnden Personen und ihre Umwelt vor, sie erklärte dem Leser, warum er auf Briefe und nicht auf ein Tagebuch stoßen wird, und sie spielte schließlich mit einem damals für Kinder und Jugendliche relativ neuen Medium, mit der Schreibmaschine, machte vor, wie man souverän mit Technik umgeht, die Maschine also genauso als Gegenstand behandelt wie Borkenrinde und Bretter zu Hause in Näs, denen erst die menschliche Phantasie eine Weile einen anderen Zweck und ein anderes Wesen gibt. *Das Ganze fing damit an, daß ich Mamas alte Schreibmaschine erbte...* [76]

Mit diesen vier Seiten suchte Astrid Lindgren den Verlag Rabén auf, und Elsa Olenius schilderte die Begegnung so: «Es kam ein zartes Geschöpf – sie sah aus wie ein Vögelchen – mit einem strahlenden Lächeln zu mir in die Bibliothek und hielt ein Manuskript in der Hand. ‹Ja, hier bin ich nun, und hier ist das Kapitel, das Frau Olenius haben wollte.›» [75]

Astrid Lindgren war damals 37 und Elsa Olenius fast 50 Jahre alt, und diese Begegnung war der Beginn einer lebenslangen Freundschaft. Elsa Olenius, *die sehr viel für die schwedischen Kinder bedeutete* [77], war die Leiterin der Jugendbibliothek von Stockholm und hatte das erste Stockholmer Kindertheater in ihrer Bibliothek gegründet, Gestaltende Dramaturgie für Kinder in allen vier skandinavischen Ländern als Schulfach eingeführt und *durchgesetzt, daß es heute in jedem Stadtteil Stockholms ein Kindertheater gibt, in dem Kinder vom Bühnenbild bis zu den Rollen alles selber machen können.* Bei diesem ersten Treffen redeten sie miteinander, als ob sie sich schon ihr ganzes Leben lang gekannt hätten, und Astrid Lindgren erzählte schüchtern von ihrem ersten Manuskript, von *Pippi Langstrumpf.*

«Es kommen sicher mehr Preisausschreiben!» sagte Elsa Olenius. Sie beriet Astrid Lindgren bei diesem ersten Manuskript. *Damals las ich ihr auch noch vor,* aber *alle anderen Bücher habe ich so geschrieben, wie ich wollte.* Wenn sie der Freundin aus einem neuen Manuskript vorlas, so ihr zur Freude und zum Vergnügen. *Aber sie hat mich nicht beeinflußt, das hat keiner getan.*

Im Jahr darauf, 1945, schickte Astrid Lindgren das alte *Pippi Langstrumpf*-Manuskript zu einem Preisausschreiben desselben Verlags ein und bekam den ersten Preis. *Und dann begann die Lawine zu rollen. Pippi wurde sofort ein großer Erfolg –.* Daraufhin sagte Astrid Lindgren zu ihrer Tochter: *Eigentlich sollte ich das Geld mit dir teilen, denn du hast ja den Namen erfunden.* Aber da sagte Karin, die inzwischen über *Pippi Langstrumpf* hinausgewachsen war: «Sei bitte so lieb und mische mich nicht in diese Dummheiten hinein!» [78]

Die Geschichte von dem Kind mit den feuerroten Haaren, das allein in der Villa Kunterbunt lebt, einen Vater fern auf See, eine Kiste mit Goldstücken, einen Affen und ein Pferd auf der Veranda hat, die Stärke von mehreren Männern besitzt, dafür aber keinen Sinn für Autorität, und mit all diesen Eigenschaften dem normalen und etwas langweiligen Leben der Nachbarskinder Thomas und Annika nicht nur neuen, sondern überhaupt einen Inhalt gibt, rief sofort Begeisterung, aber nach Erscheinen des zweiten Bandes auch herbe Kritik hervor. Daß Pippi Langstrumpf Polizisten auf Bäume setzt und ganze Sahnetorten schnabuliert, nichts von der Schule hält und verkehrt herum im Bett schläft, ließ viele Erwachsene fürchten, *sie würde zu einem schlechten Beispiel für die Kinder*[79].

So wird es von nun an fast immer sein, wenn ein neues Buch von Astrid Lindgren erscheint. Die Erwachsenen, vor allem die Pädagogen, streiten sich, die Kinder lesen. Anfangs nahm Astrid Lindgren noch Stellung. Sie antwortete 1948 ziemlich scharf auf eine Kritik in «Husmodern» [Hausmutter], in der die Ewa Sällberg, die Sekretärin im Bereich Presse des schwedischen Außenministeriums, über «das verwöhnte Gör» Pippi Langstrumpf schrieb: «Es geht einem auf die Nerven, dauernd über die Rechte des Kindes reden zu hören...» Wie in diesem Buch, «in dem eine junge Dame immer das macht, was ihr gerade einfällt»[80].

Astrid Lindgren antwortete in «Husmodern» Heft 15 (1948), es müsse doch die Sache der Erwachsenen sein, den armen kleinen Wichten, den Kindern, *eine Welt der Geborgenheit, der Wärme und Freundlichkeit zu schaffen. Aber tun sie das? Viel zu selten, will mir scheinen. Sie haben wohl keine Zeit? Sie sind voll und ganz davon in Anspruch genommen, den kleinen Wicht zu erziehen.* Ewa Sällberg riete nun den Erwachsenen, sich nicht durch Bücher über Kindererziehung auf falsche Wege locken zu lassen, sondern *sich mehr auf ihren Instinkt zu verlassen... Ich glaube, das ist ein recht unnötiger Rat.* Und nachdem Astrid Lindgren eine Reihe von autoritären «Instinkt»-handlungen aufgezählt hat, schließt sie mit dem Fanal: *Achtung vor dem Kind! Wie sehr wünsche ich mir, daß die Erwachsenen sie dem Kind in etwas größerem Umfang entgegenbrächten... Gebt den Kindern Liebe, mehr Liebe und noch mehr Liebe, dann kommt die Lebensart von selbst!*

Bei dieser Auseinandersetzung zeigte sich wieder die Verschiebung der Zeit im Nachkriegseuropa.

Während Astrid Lindgren ihr enfant terrible ersonnen hatte, während sie mit ihm die Freiheit des Kindes von bürgerlichem Zwang in Literatur umsetzte und ihre spielerische Utopie proklamierte, hatten Kinder auf dem Kontinent unter dem Zwang des Krieges gelebt, waren Janusz Korczak und seine Waisenkinder im Kampf für eine ganz andere Freiheit von den Nationalsozialisten ermordet worden. Und in dem Land, das seinen und Millionen anderer Morde zugelassen hatte, steckten die Kinder in Uniformen, bedienten Flakgeschütze, lagen zwischen den Fronten, kamen auf der Flucht um und lebten unter einem solchen politischen und pädagogischen Zwang, daß es noch Jahrzehnte dauerte, bis sie die allgemeine europäische Zeit eingeholt und wirklich einen Sinn für Astrid Lindgrens Leichtigkeit gewonnen hatten. Wie tief Astrid Lindgren aber gerade dieses Leiden fremder Kinder beeindruckt und beeinflußt hat, geht aus einem Interview hervor, das anderthalb Jahrzehnte nach dem Erscheinen von *Pippi Langstrumpf* stattfand. *Wenn ich jemals beabsichtigt hätte, die Figur der Pippi zu etwas anderem als der Unterhaltung meiner jungen Leser dienen zu lassen, so wäre es dieses: ihnen zu zeigen, daß man Macht haben kann, ohne sie zu mißbrauchen. Denn von allen schweren Aufgaben des Lebens scheint mir das die allerschwerste zu sein. Überall wird Macht mißbraucht. Jeder spielt sich als Herr auf, wo er nur kann. Das beginnt in der Kindheit und geht weiter bis zu denen, die Länder regieren. Pippi aber besitzt die Gabe, richtig damit umzugehen. Sie ist mächtiger als jedes andere Kind auf der Welt und wäre durchaus imstande, eine Schreckensherrschaft über Kinder wie über Erwachsene ihrer Umgebung auszuüben – aber tut sie das? Oh nein! Sie ist einfach nur freundlich, hilfreich und großzügig, und drastische Maßnahmen ergreift sie nur, wenn es unumgänglich notwendig ist... Pippi ist auch ein Despot, aber genau umgekehrt als Kato! Sie ist der Herrscher mit den guten Absichten. Kinder träumen insgeheim von Macht. Im Vergleich mit den Erwachsenen sind sie jedoch immer im Nachteil, und das verkehrt ihre Wunschträume in Träume der Macht. Pippi befriedigt diese Kinderwünsche, und hier, glaube ich, steckt die Erklärung für ihre Beliebtheit.*[81]

Dazu kommt freilich dieses: wenn alle anderen Kinder in Kindergeschichten aus Fleisch und Knochen bestehen, so ist Pippi aus verdichteter Kindermasse, durch und durch. Sie ist das Kind an sich. Und damit wurde Pippi der auf den ersten Versuch gelungene Entwurf eines neuen Kinder-Typs, während Schweden, das neutrale Land, das vom besetzten Norwegen und vom eroberten Finnland eingerahmt war, auf das Ende des Zweiten Weltkriegs wartete.

Verlagslektorin

Astrid Lindgren fuhr fort zu schreiben. *Ich habe immer gedacht, ich will nie ein Buch schreiben. Aber plötzlich konnte ich nicht mehr, da mußte ich schreiben.* [82] Sie hatte ohnehin nach dem Krieg wieder verschiedene Gelegenheitsarbeiten angenommen, war Sekretärin des Staatlichen Komitees für weibliche Halbtagsarbeit, tippte Dissertationen und Protokolle wissenschaftlicher Erhebungen, und als ihr Verleger, Hans Rabén, sie fragte: «Wollen Sie nicht zu mir kommen und Kinderbücher für mich machen?», da *baute ich die Kinderbuchabteilung auf.*

Auch hinter diesem Satz steckt mehr, steckt ein Stück schwedischer und europäischer Verlagsgeschichte. Denn zwischen 1945 und 1948 veränderte sich nicht nur in Deutschland die Situation der Verlage, überall hatten sie Rohstoff-, also Papierprobleme, überall war das Geld knapp, verschoben sich die Märkte sowie die politischen und gesellschaftlichen Strukturen, und durch die Beteiligung der USA am Krieg gegen das Deutsche Reich war auch ihre bis dahin verbotene Literatur in Form von Taschenbüchern für die Army plötzlich genauso verfügbar wie Kaugummi und Nescafé. Die europäische Nachkriegsliteratur wurde US-international. In Deutschland versuchten viele kleine, um eine zufällige Papierzuteilung, um eine Lizenz von den Besatzungsmächten herum gegründete Verlage, sich dieser neuen Situation anzupassen, Verlage, von denen kurz nach der Währungsreform schon die meisten wieder vergessen waren, weil der freie Markt abermals andere Bedingungen stellte.

1945 ahnte niemand, wie sich die Literatur in Deutschland entwickeln würde. Seit 1933, seit der Bücherverbrennung in Berlin, war im sogenannten Dritten Reich Literatur zensiert. Keiner konnte kaufen, keiner durfte lesen, was zwischen 1933 und 1945 im Ausland erschien, aber nachdem sich auch diese Grenzen wieder öffneten, griffen besonders die jungen Leute gierig nach allem, was auf sie gewartet hatte.

Genausowenig konnten die schwedischen Verlage ahnen, was für eine entscheidende Rolle ihre Kinderbücher in dieser Nachkriegsliteratur spielen würden, geschweige denn Hans Rabén, als was für eine Schlüsselfigur sich Astrid Lindgren in diesem Zusammenhang erweisen würde. Er gehörte zu den vielen seines Gewerbes, die sich fragten: In welche Rich-

Astrid Lindgren als Verlegerin

tung soll sich mein Verlag nun entwickeln?, und da er unter anderem mit einem historischen Jugendroman über die Wikinger guten Erfolg gehabt hatte, war er auf die Idee gekommen, sich mittels verschiedener Wettbewerbe passende Manuskripte zu verschaffen.

Astrid Lindgren hatte nacheinander jeden dieser Wettbewerbe gewonnen. 1944 den zweiten Preis für *Britt-Mari erleichtert ihr Herz* in der Ausschreibung «Mädchenbücher für das Alter zwischen zehn und fünfzehn Jahren»; 1945 mit *Pippi Langstrumpf* den ersten Preis für «Kinderbücher für das Alter zwischen sechs und zehn Jahren»; und 1946 teilte sie sich mit Åke Holmberg den ersten Preis im Jugend-Krimi-Wettbewerb. Ihr Titel: *Meisterdetektiv Blomquist.*

Das haben wir mit einem Lunch gefeiert, und bei dieser Gelegenheit holte mich Doktor Rabén in den Verlag.[83] Er ließ Astrid Lindgren vollkommen freie Hand, und bis 1970 arbeitete sie mehr oder weniger allein, ohne Sekretärin, dafür mit freien Mitarbeitern und Lektoren. *Doktor Rabén hatte einen guten und sicheren Geschmack für die Buchumschläge*, was

75

bedeutete, daß sich Astrid Lindgren anfangs nicht um Dinge zu kümmern brauchte, von denen sie nichts verstand, um Ausstattung und Herstellung, und sich auf die Manuskripte konzentrieren konnte. Auch auf diesem Gebiet half ihr Rabén, indem er in der ersten Zeit eine Vorauswahl unter den eingesandten Manuskripten traf. *Ich hatte ja eigentlich keine Erfahrung*, sagte Astrid Lindgren im Rückblick, doch da der Verleger sich auch erst in diesen Jahren mit Kinderliteratur beschäftigte, gab es keine vorgefaßten Meinungen und keinen Widerstreit. Im Gegenteil, sie konnten das, was ihre Linie werden sollte, täglich neu festlegen oder umstürzen.

Außer dem Wikinger-Buch und *Pippi Langstrumpf* veröffentlichte der Verlag zum Beispiel eine dänische Mädchenbuchserie, die zwar Auflage machte und Geld einbrachte, aber von Band zu Band allmählich so platt und schlecht wurde, daß Astrid Lindgren fand: *Nein! So etwas können wir nicht mehr machen!* «Aber sie verkaufen sich so gut», wandte der Verleger ein. *Da ging ich heim, und er bekam es mit der Angst zu tun!*

Einen bestimmten Plan besaß Astrid Lindgren nicht. Sie wollte einfach die besten Bücher für die schwedischen Kinder verlegen. *Und es reichte damals, die angebotenen Bücher zu beurteilen und zu prüfen.* Der Rabén-Kinderbuchpreis wurde weiter jährlich ausgeschrieben, so daß nicht nur ständig neue Geschichten, sondern auch neue Autoren auftauchten, die sich durch ein erstes, erfolgreiches Buch an den Verlag gebunden fühlten und dann von selber das nächste anboten oder mit Astrid Lindgren ihre Pläne besprachen. Das Auswahlprinzip? *Ein Buch ist gut oder nicht.* Und auch das Gefühl für Qualität hat man, oder man hat es nicht. Wieder ein Punkt, an dem später das Drängen und Fragen der Journalisten und Pädagogen einsetzt, wieder die scheinbar einfältige Antwort: *Man kann nie sagen: wie soll ein gutes Kinderbuch sein! Man merkt das, wenn man es liest. Merkt man's nicht, so ist es kein gutes Buch.* Selbstverständlich muß man sprachliche Anforderungen stellen.

In ihrem Zwiegespräch mit einem jungen fiktiven Kinderbuchautor zitierte sie einen ihrer Lieblingssätze von Schopenhauer: *Man brauche gewöhnliche Worte und sage ungewöhnliche Dinge.*[84]

Außerdem legte sie bei eigenen und fremden Kinderbüchern immer großen Wert darauf, daß der Text der Altersgruppe entsprach, für die das entsprechende Buch gedacht war. Bei sich selbst, sagte sie, stelle sich automatisch im Kopf etwas ein, wenn sie an das Kind dächte, für das sie schreibe. An einen Autor, Hans Peterson, der einen Folgeband eines Kinderbuchs geschickt hatte, schrieb sie zum Beispiel 1959: *... was tust du da? Du kommst mit einer verflixt langen Einleitung über Göteborg und Hisingen und Volvo und die Sommerwetterstraße. Das erste, was ein Kind tut, wenn es ein neues Buch in die Hand kriegt... es schlägt die erste Seite auf und liest ein kleines Stück, um zu fühlen, ob es das Buch mag. Da darf dann keine lange Einleitung stehen, die so viel Anstrengung von einem kleinen Leser zwischen acht und zehn Jahren fordert.* Und etwas weiter:

...und dann der Schluß. Lieber, lieber Hasse, laß die Kinder nicht die Schmuggler jagen und festsetzen. Die ganze Matthias-Serie ist die schönste, wärmste, zärtlichste, realistische Kinderschilderung. Und genau davon entfernst du dich einen großen Schritt mit der Schurkenjagd am Ende dieses Buches. Oh, nein, Matthias kann nicht Anführer einer Kinderbande sein, die hinter Schmugglern her ist. Das wäre eine genauso große Sünde gegen den Heiligen Geist, wie wenn ich die Bullerbü-Kinder Juwelendiebe à la Kalle Blomquist festnehmen ließe... Und schließlich: Du, es gibt immer noch Eltern, die verdammt schüchtern sind, und die sich, ob du es glaubst oder nicht, nicht trauen, ihren eigenen Kindern zu erzählen, daß Mama ein neues Kind im Bauch hat. Es gibt mehr davon, als wir glauben mögen. Deswegen finde ich, daß man so was in einem gewöhnlichen Kinderbuch genauso gut aussparen kann und es Aufklärungsbüchern vom Typ «Mama, wie geht das?» überlassen kann. Natürlich ist das blöd, aber auf diesem Gebiet sind die Leute verrückt, und du weißt nie, in welchem Zusammenhang dein Matthias-Buch Schaden anrichten kann.[85]

An dieser Stelle fragt man sich: wie hätte Astrid Lindgren für sich selbst entschieden? Aber vermutlich ist die Frage müßig. Astrid Lindgren erfüllte ihre Pflicht als Lektorin, indem sie zu einem Kollegen nicht als Autorin, sondern eben als Lektorin sprach, die an den Absatz seines Buches, seiner früheren und seiner kommenden Bücher zu denken hat.

Als sich im Laufe der Jahre Astrid Lindgren und ihre Arbeitsmethode als erfolgreich erwiesen und der Verlag internationales Ansehen gewann, kamen Lektoren für ausländische Manuskripte hinzu, darunter Kerstin Kvint, heute Leiterin einer literarischen Agentur, die seit 1952 für und mit Astrid Lindgren gearbeitet hat. Aber *erst 1970 waren wir zu acht.* Acht Frauen, von denen ihre engste Mitarbeiterin, Marianne Eriksson, ihre Nachfolgerin wurde. Daß sich das Lektorat gerade in diesen Jahren vergrößerte, war kein Zufall. Astrid Lindgren hatte durch ihre eigenen Bücher früh die Verbindung mit Deutschland hergestellt, so daß eine Wechselwirkung entstand, die auch die betreffenden schwedischen Verlage beeinflußte.

Die erste Verbindung ergab sich fast zufällig. Friedrich Oetinger, Jahrgang 1907 wie Astrid Lindgren, gelernter Buchhändler, war in den Jahren des Zweiten Weltkriegs Verlagsleiter bei Heinrich Ellermann in Hamburg gewesen. Nach 1945 beschloß er, sich selbständig zu machen, und gründete 1946 seinen eigenen Verlag. Die Schwerpunkte waren Sozial- und Wirtschaftswissenschaften. Kurt Heinig, ein alter Freund, ehemaliger Reichstagsabgeordneter, der mit einer Jüdin verheiratet und 1933 rechtzeitig nach Schweden emigriert war, in der Stockholmer Staatsbibliothek arbeitete und vom schwedischen König den Doktor h. c. verliehen bekommen hatte, schrieb Friedrich Oetinger bald nach Kriegsende: «Ihr lebt viel zu eingesperrt! Wenn du wirklich ein guter Verleger werden willst, mußt du nachholen, aus Deutschland herauskommen und verfolgen, was im Ausland geschieht.» Der Freund lud ihn über den Tidens Förlag 1948 für vierzehn Tage nach Stockholm ein, doch, wie Friedrich Oetinger 1977 rückblickend erzählte, «zu dieser Zeit hatten in Deutschland die Besatzungsmächte zu bestimmen, und es bedurfte vieler Stempel und Papiere, um an ein Ausreise-Visum zu kommen. Monatelang hatte ich mich vergeblich bemüht, als ich zufällig mit einem Colonel der Controlcommission in Hamburg zu tun hatte, dem ich en passant von meinen Anstrengungen erzählte. In einigen Sekunden hatte er das erledigt, worauf ich nicht mehr zu hoffen gewagt hatte: zwei Stempel gaben im Frühling 1949 endlich den Weg nach Stockholm frei. Wie ein Kind in der Weihnachtszeit ging ich durch die strahlend hell erleuchtete Stadt, genoß die übervollen Schaufenster, die heile Welt; nach den dunklen zerstörten Städten unseres Landes ein unvorstellbares Erlebnis. Der schwedische Verlag nahm mich herzlich auf, ich besuchte Buchhandlungen, Bibliotheken, Verlage und traf mich abends mit Verlegern und Autoren. Und dann kam ein ganz besonderer Tag…», an dem er wie an allen Tagen dieser Reise eine Buchhandlung besuchte, die Bücher in den Regalen betrachtete, dabei wieder feststellte, daß es fast gar keine aus dem Deutschen übersetzte Kinderbücher gab, und schließlich auf ein kleines dickes Buch stieß, das auf dem Titel ein Mädchen mit roten Zöpfen und verschiedenfarbigen Rutschestrümpfen zeigte. Als der Buchhändler merkte, daß Oetinger an Kinderbüchern und speziell an diesem interessiert war, sagte er, «dieses Büchlein sei ein großer Erfolg. Es würde von den Kindern geliebt und von den Pädagogen leidenschaftlich diskutiert. Er fragte mich, ob ich die Verfasserin kennenlernen möchte.» Das sei gar kein Problem, die Autorin arbeite nur um die Ecke. «Da sollten Sie gleich einmal hingehen!» Und ehe Oetinger etwas sagen konnte, war die telefonische Verabredung getroffen, «und wenige Minuten später saß ich einer stillen, liebenswürdigen Frau gegenüber: Astrid Lindgren. Glücklicherweise sprach sie Deutsch, und so konnte ich ihr von meiner Arbeit erzählen und von dem, was ich über das kleine Buch erfahren hatte. Ich bat sie um eine Option. ‹Das ist wahr›, sagte sie, ‹hier in Schweden ist *Pippi Langstrumpf* ein großer Erfolg geworden, aber sonst nirgendwo. Fünf deutsche Verleger haben es gehabt [darunter auch Heinrich Ellermann], und sie alle haben es mir zurückgeschickt.› – ‹Frau Lindgren›, sagte ich, ‹ich kann Schwedisch lesen und das Buch selbst beurteilen.› – ‹Nun gut, versuchen Sie es›, war Astrid Lindgrens Antwort.»[86]

Astrid Lindgren schildert die erste Begegnung so: *Als ich an einem Vorfrühlingstag 1949 in meinem kleinen engen Büro in einem alten, nunmehr niedergerissenen Haus in der Oxtorsgatan in Stockholm saß, wurde ein deutscher Buchverleger angemeldet… Etwas Derartiges hatte ich noch nie erlebt, und ich wartete neugierig. Herein trat ein sehr bescheidener Herr; ein sanftmütiger, braunäugiger, freundlich lächelnder Mann, der Franz Schubert auffallend ähnlich sah. Nach einem besonders erfolgreichen Ver-*

leger sah er nicht gerade aus. Er war in der Tat sehr dürftig gekleidet, aber während dieser ersten Nachkriegsjahre war es wohl in Deutschland nicht so leicht, elegant gekleidet zu sein. Der sanftmütig Blickende stellte sich vor... und fragte, ob er eine Option für Deutschland bekommen könnte. «Von mir aus gern», sagte ich.[87] Friedrich Oetinger konnte jedoch nicht so gut Schwedisch lesen, wie er behauptet hatte, also nahm er das betreffende Buch am Abend mit zu seinem Freund, und dieser las ihm die ersten drei Kapitel vor, und wenn nicht schon die erste Begegnung mit der Autorin seine Begeisterung ausgelöst hätte, diese Stegreifübersetzung entschied für ihn alles. Er reiste mit *Pippi* heim. So begann eine lebenslange Freundschaft, so wurde aus dem Wissenschaftsverleger Friedrich Oetinger ein Kinderbuchverleger, der sich auf skandinavische Kinder- und Jugendliteratur spezialisierte und ihr mit Hilfe von Astrid Lindgren einen immer festeren und erfolgreicheren Platz in der deutschen Nachkriegsliteratur einräumte; und so begann die deutsche Karriere der schwedischen Autorin.

Friedrich Oetinger, seine Frau Heidi und seine Lektorin Nele Prüfer beschlossen, alle drei *Pippi Langstrumpf*-Bände übersetzen zu lassen, und zwar von Kurt Heinigs Frau Cäcilie, und zu verlegen. Da der Verlag, wie die meisten nach der Währungsreform, finanzielle Schwierigkeiten hatte, war dieser Entschluß, gleich drei Titel einer noch vollkommen unbekannten, aber auch in Schweden schon umstrittenen Autorin zu bringen, ziemlich riskant. Doch da entschied Heidi Oetinger: «Für dieses Buch muß man etwas einsetzen!» und arbeitete zwei Jahre ohne Entgelt. *Wie sich das Ehepaar Oetinger für Astrid Lindgren abmühte, das habe ich erst viel später begriffen. Ich lebte zu Hause in Schweden, und es war mir recht gleichgültig, was mit meinem Buch in Deutschland geschah. Nur jedes Mal, wenn ich auf einer Reise Hamburg passierte, machte ich der Ordnung halber eine Stippvisite im Verlag, der sich zu der Zeit noch in einem einzigen anspruchslosen Raum im Pressehaus befand... Ich sagte kaum mehr als guten Tag, und dann verschwand ich wie der Rauch. Allmählich jedoch kam ich dahinter, welchem außerordentlich feinen Verleger ich an einem Vorfrühlingstag gesagt hatte «Von mir aus gern». Und wie die Jahre vergingen, wuchs eine Freundschaft zwischen uns...*[87] Durch diese Verbindung kamen nicht nur Lindgrens Bücher nach Deutschland: Astrid Lindgren beriet Friedrich Oetinger auch darüber hinaus und schlug ihm immer neue Autoren vor, so daß es ihr und dem Ehepaar Oetinger zu verdanken ist, daß die schwedische und skandinavische Kinderliteratur von Anfang an in der deutschen Nachkriegsliteratur vertreten war.

Denn das ist ein Charakteristikum auch der deutschen Nachkriegsliteratur für Kinder: ihre starke Internationalität. Das hängt mit dem Optimismus und der re-education nach 1945 zusammen. Deutsche Kinder sollten erstens auch durch ihre Lektüre lernen, was Demokratie ist, aber noch stärker war zweitens die Hoffnung von Schriftstellern wie Erich

Kästner und Literaturvermittlern wie Jella Lepman, Emigrantin, als US-Kulturoffizier zurückgekehrt, die in den fast noch rauchenden Trümmern Münchens die erste internationale Kinderbuchausstellung organisierte, daß man Kindern nur so zu einer besseren Zukunft in Frieden verhelfen könne: gegenseitiges, sich immer stärker vertiefendes Kennenlernen durch Literatur. Der Anteil der Übersetzungen war deshalb nach 1948 hoch. Das hatte diesen politisch-aufklärerischen und pädagogischen Grund, aber auch einen zweiten: die deutschen Verleger brauchten nur zuzugreifen. Es wartete eine geradezu phantastische Fülle von Büchern auf sie, die nur übersetzt zu werden brauchten.

Der Anteil der Übersetzungen lag anfangs bei 40 Prozent der jährlichen Neuerscheinungen und pendelte sich im Durchschnitt auf 30 Prozent ein, bis heute. In diesem Drittel stehen die schwedischen Kinderbücher an zweiter, in einigen wenigen Jahren an dritter Stelle, nach den Franzosen. Die erste Stelle haben die angloamerikanischen Bücher seit Beginn der Nachkriegsstatistiken belegt. Dabei ist interessant, wie hoch der Anteil der Kinderliteratur im Gesamtrahmen der Übersetzungen aus diesen beiden Sprachgruppen ist: In den siebziger Jahren standen in einem Jahr 90 schwedische Kinderbuchübersetzungen neben 400 belletristischen Übersetzungen. In den achtziger Jahren verschob sich das Verhältnis auf 40 zu 500, während aus England und den USA zur gleichen Zeit 60 Kinder- und Jugendbücher und 2000 belletristische Titel übersetzt wurden.

Und noch ein Sprung in die Zukunft: Astrid Lindgren war es auch zu verdanken, daß deutsche Kinderbücher relativ früh ins Schwedische übersetzt wurden. Sie hat Kurt Held und Erich Kästner für Rabén ausgewählt, und ihre Tochter Karin gehört zu den bekanntesten schwedischen Übersetzerinnen und hat unter anderem Autoren wie Peter Härtling und Christine Nöstlinger, Elfie Donnelly und Hans Peter Richter übertragen.

Dieses Schlaraffenleben der literarischen Selbstbedienung hörte in Deutschland mit den sechziger Jahren auf. Der Vorrat jenseits der Grenzen war erschöpft, deutsche Epigonen hatten die erfolgreichsten Autoren bis zur Unerträglichkeit nachgeahmt, der Geschmack und die Weltanschauung wandelten sich, und nach 1968 entdeckten die Studenten auch das Kind und die Erziehung wieder und warfen samt Schlips und Autorität die vorhandene Kinderliteratur auf den Müll. Nun zeigte sich jedoch, daß Schweden, der sogenannte Wohlfahrtsstaat, in dessen unzerstörten Städten sich das Jugendproblem krasser, unübersehbarer und vor allem wesentlich früher darstellte als in Deutschland mit seinem Wiederaufbau und seinem Wirtschaftswunder, dieser Entwicklung auch auf dem Gebiet der Jugendliteratur weit voraus war. Schwedische Autoren hatten ihre Jugendromane längst in Hochhäusern, Großstadtslums und Drogenszenen angesiedelt, skandinavische Autoren schrieben über Behinderte, schwangere Mädchen und Selbstmord, und da die schwedische Literatur, auch durch Astrid Lindgren, bereits so vollkommen in die deutsche Kinderliteratur integriert war, waren es außer dem englischen Pädagogen und Schriftsteller Alexander Sutherland Neill skandinavische Autoren, die die antiautoritäre Kinderliteratur in Deutschland beförderten. Mit dieser sogenannten Problemliteratur ging jedoch auch die Periode der Bücher zu Ende, die relativ unaufwendig dadurch zustande kamen, daß man sie las, beurteilte und dann verlegte oder nicht. Über Probleme muß man diskutieren, sie sind zeitbedingt, das Risiko für den Verlag ist also größer, Gutachter sollen es verringern helfen – kurz, man brauchte mehr Verlagsangestellte, die auch gemeinsam mit den Autoren Manuskripte erarbeiteten, und die Mannschaften in den Verlagsbüros wuchsen nicht nur in Schweden. Das war die Entwicklung, zu der Astrid Lindgren ab 1946 ihren entscheidenden Teil als Verlagsangestellte beigetragen hat.

Diese Arbeit war ideal für eine Frau mit Familie. *Wenn die Kinder in der Schule waren, hatte ich Ruhe.*[88] Sie schrieb in dieser Zeit ihre eigenen Bücher, ging um 13 Uhr in den Verlag und kam um 17 Uhr wieder nach Hause. *Ich habe selten ein Manuskript mit heimgenommen.* Der Abend gehörte der Familie. Und zur Familie gehörte zuerst auch Linnéa Molander, die zwölf Jahre lang den Haushalt versorgte, bis sie selber heiratete und Kinder bekam. Ihr folgte Gerda Nordlund, die auch nicht bei Lindgrens wohnte, aber täglich kam. *1974 war sie 23 Jahre bei mir. Da verunglückte sie tödlich.* Danach sprang Linnéa Molander wieder ein. Denn ohne eine Hilfe dieser Art ist es trotz der idealsten und flexiblen Arbeitszeit für Frauen mit Kindern nur schwer möglich, die Berufsarbeit zu bewältigen. Das gilt erst recht, wenn diese hohe Anforderungen an Zeit und Konzentration stellt. Dabei geht es nicht nur um den Haushalt. Auch Astrid Lindgren verrichtete und verrichtet das Notwendige mit geübter Hand. Sie hatte ja von der tüchtigen Mutter gelernt, wie man ökonomisch und schnell im Hause wirtschaftet, und diese Lehre zahlte sich jetzt aus. Außerdem merkte sie: gerade beim Kartoffelschälen oder Tellerabspülen kann man besser nachdenken als beim Bleistiftkauen, weil man nicht mit der leeren Zeit zu kämpfen hat.

Die wahre Entlastung besteht also vielmehr darin, daß man sich auf jemanden verlassen kann und weiß, daß Kinder, Mann und Haushalt auch dann reibungslos versorgt werden, wenn man sich ganz und gar in eine Arbeit vertieft oder länger im Verlag zu tun hat oder auf einen Kongreß fahren muß.

Zu dieser Ökonomie des Alltags gehört auch die ganz normale Ordnung. Astrid Lindgrens Küche ist zum Beispiel stets aufgeräumt. *Ich hasse es, wenn alles herumsteht.* Für die Kinder aber hat sie immer Zeit, für Kinder, Eltern, Geschwister und Freunde.

Nach *Meisterdetektiv Blomquist*, der Geschichte, die im Vimmerby-Milieu spielt und sich um eine Schar von Schulkindern dreht, die genau wie Astrid als junges Mädchen lernen müssen, daß es selbst in ihrer friedlichen und wohlvertrauten Welt Schurken und Schufte gibt, als Folge davon Kriminalfälle lösen helfen, bei denen der Autorin die Jahre ihrer Tätigkeit bei Harry Söderman zugute gekommen sein mögen, wandte sie sich 1947 ihrer eigenen frühen Kindheit zu und veröffentlichte *Wir Kinder aus Bullerbü*. Die Vorbilder waren Sevedstorp, die Heimat von Astrid Lindgrens Vater, war vor allem Näs mit all seinem Glück und seinen Menschen. Näs, das Astrid Lindgren ein paar Jahre später *das entschwundene Land* nennen wird. Diese Geschichten aus Bullerbü sind längst vor der Erfindung des Begriffs Vorschule ein Musterbeispiel dafür gewesen, wie man Kindern die ersten Geschichten erzählen soll und welche Fülle des Lebens und des Empfindens man ihnen damit vermitteln kann. *Ich heiße Lisa, und das Dorf, in dem ich wohne, heißt Bullerbü. Es gibt in unserem Dorf nur drei Höfe und nur sechs Kinder. Im Nordhof wohnen Britta und Inga. Im Mittelhof wohnen Lasse, Bosse und ich, und im Südhof wohnt Ole. Und natürlich Kerstin, das ist Oles kleine Schwester. Wie habe ich sie nur vergessen können! Ole findet, daß Kerstin das merkwürdigste Kind von ganz Bullerbü ist.* Schritt für Schritt, Bild für Bild führen die Sätze in die Geschichte hinein. Ein Kind nach dem anderen taucht auf, wird in Beziehung gesetzt zum Leser und zu den anderen Kindern, und jede Episode erweitert die Szene. Die Natur, der sich Kinder so viel näher fühlen als die Erwachsenen, spielt eine große Rolle. Die vertrauten Gestalten von Eltern und Großeltern tauchen auf.

Doch die Kinder lernen am meisten voneinander, und da sie von freundlichen Erwachsenen erzogen werden, sind sie auch zueinander kameradschaftlich. Kleine Kinder und ältere Kinder, ganz Alte und Bresthafte, Armenhäusler und Landstreicher: die ganze Gesellschaft mit Gewinnern und Verlierern, aber jeder hat seinen Platz in diesem Kosmos, und wenn die *Kinder aus Bullerbü* den bissigen Hund vom alten Schuster wieder zahm und freundlich machen, so versteht das lesende Kind: es wäre Sache der Erwachsenen, auch den alten Schuster aus seiner Bissigkeit zu erlösen. Verantwortung, aber nur für das Verantwortbare, nicht für die gesamte Gesellschaft. Den Balken im eigenen Auge, nicht der Blick auf eine traumhafte Zukunft. Erkenntnis von Grenzen. Erkenntnis, daß Leid, Schmerz und Erlösungsbedürftigkeit Teil unserer Existenz sind. Aber vor allem, daß es sich lohnt, auf diese Welt neugierig zu sein und alles auszuprobieren. Daß man seine Kräfte messen muß, wenn man wissen will, was in einem steckt, ob man nun wie die Kinder dabei entdeckt, daß sich die Beine bricht, wer aus Übermut vom Scheunendach springt, oder sich ein ganz kleines Kind an anderen Dingen freut, als es die Schulkinder tun. Lebensfreude erfüllt alle Geschichten von Astrid Lindgren, und diese Freude gestattet den Kindern, auch das zu akzeptieren, was sich nicht lösen läßt. Die Kinder erleben mit, daß die Erwachsenen Schicksalsschläge ertragen, ohne an sich zu zweifeln oder sich besiegt zu fühlen.

Astrid Lindgren hat immer von Individuen erzählt, hat «Helden» geschaffen und an den Sinn einer Entwicklung zur Person geglaubt, weil sie mit den Kindern von Bullerbü und Näs und seitdem wohl immer wieder erfahren hat, daß die Gruppe nur so gut wie ihr schwächstes einzelnes Mitglied sein kann, immer aus den Einfällen der einzelnen lebt und daß diese einzelnen nur Frieden halten und Frieden stiften können, wenn sie Herr ihrer selbst sind und sich das zutrauen, wozu der Mensch entworfen und geschaffen ist. Astrid Lindgrens Begabung liegt darin, daß sie sich in den beiden Reichen, in denen Kinder aufwachsen, in den Gefilden der Poesie und der Phantasie und im Alltag, mit gleicher ruhiger Sicherheit bewegt. Ihre Leistung liegt darin, daß sie Kindern beides gibt, Trost und Ansporn. Trost, weil es wohl wahr ist, daß der Mensch als Erwachsener oft genug keinen Trost erfährt, weil ein Kind aber gerade deshalb Trost braucht, um – wie der Prinz in der «Zauberflöte» – standhaft und tapfer zu werden. Und weil es Ansporn braucht, um den Prüfungen nicht auszuweichen, vor denen keiner gefeit ist. Immer wieder kehren Astrid Lindgrens Gedanken und Geschichten nach Näs und Sevedstorp zurück. Auch wenn die Orte dann Bullerbü, Lönneberga und Birkenlund heißen. Immer wieder wird sie vom Alltag einfacher Menschen erzählen, vom Alltag der Kinder und damit von den Möglichkeiten und Freuden des menschlichen Zusammenlebens. Und immer wieder wird sie so erzählen, daß man verstehen kann, worum es geht. Klar, unmißverständlich. Kein Versteck hinter Schwulst und Redensarten, sondern ungeschützte Offenheit.

Mit dem ersten Band der *Bullerbü*-Geschichten, dem 1949 und 1952 neue folgten, schlug Astrid Lindgren einen Ton an, der bei Kindern sofort einen Widerhall fand. 1947 – die antiautoritäre Erziehung lag noch weit in der Zukunft, Bullerbü war ebenso wie die Villa Kunterbunt eine Utopie, aber besonders Bullerbü hatte es den Kindern der Nachkriegsjahre angetan. So, spürten sie, ist das rechte Kinderleben. So müßte es sein, dort hat man nichts zu verbergen, dort ist keiner boshaft. Dort wollen sie einander keinen Schaden zufügen. Dort gibt es Wettstreit ohne Ehrgeiz, und wenn einer sagt: Ich bin der Beste!, so holen ihn die anderen in aller Ruhe und Gutmütigkeit wieder auf den Boden der Wirklichkeit herab. «Dort möchte ich sein!» lautete die Reaktion, und die Welle der Briefe begann, Briefe von Kindern und Eltern, die sehnsüchtig fragten: «Wo liegt Bullerbü?»

Im Laufe der Jahre wurden es immer mehr, auch die Neue Erziehung schien das Bedürfnis nach der bullerbüschen Mischung aus Solidarität und Freiheit, Strenge und Freiheit nicht zu stillen, so daß sich Astrid Lindgren endlich zu einer öffentlichen Antwort an alle bequemen mußte: *Gibt es Bullerbü?* nannte sie 1967 einen kleinen Artikel, in dem sie sagte, wie schwer es wäre, auf eine solche Frage zu antworten. Denn alles sähe in Wirklichkeit ein wenig anders aus als in dem Buch beschrieben, es gäbe nur ein einziges rotes Haus, und der Kletterbaum sei alt und morsch. Das meiste existierte nur noch in der Erinnerung. *Aber die Erinnerung an*

Astrid Lindgren empfängt 1950 die Nils-Holgersson-Plakette

meine Kindheit in Bullerbü trage ich in mir wie etwas Unzerbrechliches in der Seele, so lange ich lebe.[89]

Und Bullerbü wuchs. *Es macht mir riesigen Spaß zu schreiben, und es ist kein Ende der Schmähungen abzusehen, die ich von Svantje* (dem Bruder) *deshalb erdulden muß*[90], ließ Astrid Lindgren 1944 Britt-Mari in ihr Tagebuch schreiben, und genauso sah in den späten vierziger Jahren die Situation der Autorin aus. Sie war nicht die einzige in der Familie, die schrieb und begann, berühmt zu werden. Mit Gunnar, dem Bauern, satirischen Schriftsteller und Politiker, maß sie sich wie früher in liebevollem Spott und gab mit ihm zusammen Interviews, in denen sie sich mit Geschichten übertrumpften und erzählten, wie sie Sachensucher waren; wie sie mit drei oder vier Jahren Engel und Erzengel spielten; wie Astrid einen Zoo gründen wollte und ein Streit um einen Regenwurm entflammte. *Wir*

84

schnitten ihn durch, doch als Gunnar sah, wie elend sein eines Ende war, wollte er es mit meinem Ende wieder vereinen. Das jedoch paßte Astrid nicht, und um ihre Wurmhälfte nicht zu verlieren, verschluckte sie sie kurzentschlossen. *Ich war die bravste aller dünnen Wurmfresserinnen von ganz Småland.*[91] Dieser Wurm nun ging in die Literatur ein, denn bis in die fünfziger Jahre hinein blieb Astrid Lindgren in ihren Geschichten auf den Schauplätzen von Näs und Vimmerby. *Kalle Blomquist* und die *Kinder aus Bullerbü* erhielten je eine erste Fortsetzung, und schließlich versuchte sie sich an einer Erzählung aus der Kindheit des Vaters. Im Erzählungsband *Sammelaugust und andere Kinder* (verschliffene Form von Samuel August) tauchte der verschluckte Regenwurm ebenso auf wie das Wettspringen von Stall- und Scheunendächern, vor allem aber fünf Brüder, die wie Samuel August Ericsson auf einem Hof aufwuchsen, der auf einem Hügel liegt, Schlittenrennen durch die Käsekuchenschlucht machen und Winterabends vom Vater in vorgewärmte Schaffelle gewickelt werden, damit sie die Nächte überstehen, die so eiskalt waren, daß morgens das Waschwasser in der Stube gefroren war.

Ein Jahr zuvor hatte Astrid Lindgren einen Sammelband mit Erzählungen und Märchen veröffentlicht. *Im Wald sind keine Räuber,* 1949, in dem zum erstenmal die Großstadt und ihre sozialen Bedingungen für Kinder eine Rolle spielten. In *Nils Karlsson Däumling* muß ein Junge mit der Einsamkeit fertig werden, wenn seine Eltern zur Arbeit gehen; *Im Land der Dämmerung* fliegt Herr Lilienstengel mit einem gelähmten Jungen aus der Stadt in Märchengefilde, in denen die Behinderung verschwindet.

Das waren nicht mehr Geschichten, die aus der eigenen oder der Familienerinnerung stammten, das waren erste Reaktionen der erwachsenen Frau auf ihre Erlebnisse mit leidenden und benachteiligten Kindern, und daß Astrid Lindgren beabsichtigte, mit ihren Geschichten so zu trösten, wie sie ihre eigenen Kinder liebevoll in die Arme nahm und nach einem Schreck dicht bei sich haben und trösten wollte, sagte sie im Zusammenhang mit *Pelle zieht aus* klipp und klar: *Ach, wer hätte das nicht versucht? Im Alter von ungefähr fünf Jahren beschloß ich, genau wie Pelle, aufs Örtchen, das draußen auf dem Hof war, zu ziehen. Ich fühlte mich ungerecht behandelt und wollte der Familie eine Lehre erteilen. Ich war überzeugt, alle würden nun laut weinend ankommen und mich bitten, doch um alles in der Welt wieder nach Hause zurückzukehren. Aber niemand kam, und das war schrecklich. Ich war gezwungen, ganz von selbst wieder zurückzukehren, und ich empfand mit Bitternis, daß niemand, niemand in der ganzen Welt mich vermißt hatte. Deshalb handelt Pelles Mutter so verständnisvoll. Damit wollte ich endlich mein fünfjähriges Ich trösten, das bestimmt irgendwo unter den Jahresringen der Seele noch vorhanden ist.*[92]

Astrid Lindgren war vom guten Gedächtnis des Vaters so beeindruckt, daß sie zu sammeln begann, was er so farbig und trotzdem detailgetreu erzählte. Doch unterdessen schrieb sie Mädchenbücher, *Kati in Amerika,*

1950, und *Kati in Italien*, 1952, frische, lebhafte und amüsante Reiseberichte, von den Erfahrungen eigener erster Auslandsreisen gespeist, die nichts von der Betulichkeit an sich hatten, die damals aus der Bezeichnung Mädchenbuch fast ein Schimpfwort machte.

Unterdessen wurde Sture Lindgren krank und starb 1952. Astrid Lindgren hat nie wieder geheiratet. Sie blieb allein, aber sie empfand die Witwenschaft nicht als Verlassenheit. Ihr Drang zu schreiben war stärker als jede andere Empfindung, und wenn sie in Zukunft ihren Alltag und ihre Familienfeste beschrieb, so erzählte sie fast immer, wie gern sie die Familie regelmäßig samstags um sich sammelte, für sie alles kochte und vorbereitete, wie gern sie danach aber wieder allein war. 1964 schrieb sie ins Tagebuch: *Wie kann es Menschen geben, die sich langweilen. Lieber*

Astrid Lindgren, 1952,
gerade verwitwet

Astrid Lindgren mit ihren Kindern Lars und Karin

*Gott, wie soll die Zeit nur reichen, wie in Jesu Namen soll man es schaffen,
alle Bücher zu lesen, alle Musik zu hören, alle Orte in der Welt zu sehen.
Nein, das war eine Lüge, ich möchte nicht alle Orte sehen. Statt dessen
möchte ich Zeit haben für die enormen Naturerlebnisse und Menschen-
erlebnisse und Kunsterlebnisse, die dieser kurze Lebensaugenblick bietet.
Und dann muß man ja auch Zeit haben, einfach dazusitzen und vor sich
hinzuschauen!* Und Weihnachten 1970: *Heute vormittag habe ich im Radio vom jungen Beethoven gehört, er sei am glücklichsten gewesen, wenn
alle Familienmitglieder draußen und weg waren, so daß er total allein sein
konnte! Lieber Ludwig, wie ich dich verstehe! Du und ich, wir empfinden*

87

Furusund 1984: Ein Bett für Bücher, Zeitschriften und Zeitungen, ein Bett zum Schreiben, Lesen und Schlafen

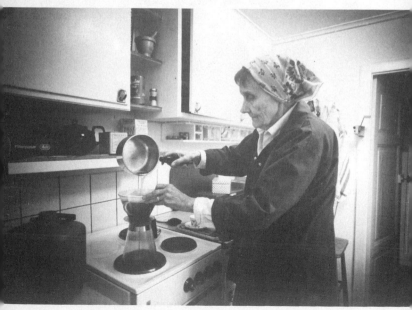

Furusund 1984: Astrid Lindgren in ihrer Küche

dasselbe. Aber kaum habe ich das hingeschrieben, erinnere ich mich ja daran, wie ich mich nach meinen Kindern und Enkeln sehne, sobald ich sie nicht mehr sehe – doch das hindert mich nicht daran, daß ich sehr gut allein sein kann – der einzige Punkt, in dem ich mich mit Beethoven messen kann ...[93]

Das Alleinsein bedeutete auch: Astrid Lindgren konnte sich nun mit den fast erwachsenen Kindern den Tag so einteilen, wie sie es wollte. Sie hatte die volle Freiheit über sich selbst gewonnen, und sie tat das, was ihr das Liebste war. Sie schrieb. Sie wachte und wacht immer früh auf, zwischen 5 und 6 Uhr. Sie trinkt dann einen Tee, ißt manchmal ein oder zwei Scheiben Brot mit Marmelade oder mit Käse. Das ist ihr early breakfast. Danach beginnt sie zu arbeiten. Diese Gewohnheit haben ihre literarischen «Kinder» stets geteilt *Ich bin schon seit fünf Uhr wach, ich schreibe... Bin morgens als allererste im Haus aufgewacht*[94] (Britt-Mari). Und in *Saltkrokan* laufen Vater und Tochter in der Frühe und im Schlafanzug in den Garten und spüren das taufeuchte Gras unter den nackten Füßen.

Astrid Lindgren stenographiert im Bett oder im Sommer, in Furusund, auf dem winzigen weißen Holzbalkon, von dem aus man einen weiten Blick über das Wasser und die nächsten Inseln hat. Das Stenographieren hatte sie gelernt, und es ging ihr immer schnell von der Hand. Auf ihrem Nachttisch, griffbereit, liegen mindestens ein oder zwei Stenogrammblöcke. *Oft schreibe ich einen Satz zehnmal. Wieder und wieder und wieder, bis ich ihn hören kann, bis ich höre: nun ist er so gut, wie ich es kann. Bis ich höre, daß die Melodie gut ist, daß man nicht an einer Stelle plötzlich unterbrochen wird*[95], weil diese Melodie nicht stimmt. *Ich habe eine Sprachmelodie, und für mich muß diese Melodie stimmen und die Geschichte. Das ist ein Einklang.* Auf diese Art und Weise entsteht ein Kapitel eines Buchs nach dem andern. Sie schreibt so chronologisch, wie sie erzählt. *Jedes Kapitel ist wie eine abgeschlossene Arbeit. Und auch das ganze Kapitel wird wieder und wieder neu geschrieben, bis es fertig ist. Jedes Kapitel ist wie ein neues Buch.* Zum Schluß liegen alle Kapitel in Stenogrammblöcken vor, dann werden sie abgetippt, eine Arbeit, die Astrid Lindgren bis vor kurzem auch selber machte, und bei diesem Abschreiben wird nichts mehr geändert. *Ich muß ganz normale Stenoblöcke haben, nur Linien, und weiche Bleistifte, damit ich nicht so drücken muß. Ich schreibe mit leichter Hand.* Ab 1986 freilich mit größerer Mühe, denn nach einer Augenoperation muß Astrid Lindgren zu Filzstiften greifen, um das lesen zu können, was sie stenographiert hat.

Schreiben: *Das ist harte Arbeit, aber es ist das Herrlichste, was es gibt. Ich schreibe morgens, und abends denke ich: ach, wenn es doch schon wieder Morgen wäre und ich weiterschreiben könnte!!* Einsamkeit also nicht als Fluch, sondern als Geschenk und Wunsch, als Bedingung für das eigentliche Leben.

Furusund 1967: Astrid Lindgren auf ihrem Balkon, auf dem sie im Sommer gern schon um fünf Uhr sitzt und schreibt

In den letzten Jahren kam sie nicht so viel zum Schreiben, wie sie es gewünscht hätte. Da sie die Drehbücher der Film- und Fernsehfassungen ihrer Bücher auch selbst verfaßt, da mit dem wachsenden Ruhm Reisen und Reden zu bewältigen sind, bestand und besteht sie auf so viel Einsamkeit und Ruhe wie möglich. Sie will allein sein, allein leben, um durch nichts und niemanden vom Schreiben abgelenkt zu werden und keine Rücksichten nehmen zu müssen.

In den ersten Jahren als Schriftstellerin, das betont sie immer wieder, schrieb sie nur, wenn es die Familie nicht beeinträchtigte: während sie selber krank und untätig im Bett lag; während die Kinder in der Schule waren; während der frühen Morgenstunden, in denen alle Welt noch schlief. Und so, wie sie in den vierziger und fünfziger Jahren auf die Kinder Rücksicht nahm, ordnet sie im Alter mit ruhiger Gelassenheit eigene und andere Wünsche so in ihr Leben ein, daß sich nichts stößt. *Einsamkeit und Ruhe, das brauche ich. Die Kinder und die Enkel verstehen das.*

Diese Konzentration auf die Arbeit erlaubte trotzdem Freundschaft. Mit Madicken, die unterdessen Frau Fries hieß, mit Elsa Olenius, die verwitwet war und mit der sie von den fünfziger Jahren an viele gemeinsame Reisen aus beruflichen Gründen und zum Vergnügen machte. Im November fuhren sie gern nach England und feierten Astrid Lindgrens Geburtstag zum Beispiel an Oscar Wildes Stammtisch in einem Londoner Gasthaus. Und im Frühjahr reisten sie in die Schweiz, dieselbe Zeit, dasselbe Zimmer, Wandern und Wohlleben. Wenn sie nicht reisten, so telefonierten sie *alle Tage* miteinander, und zum 80. Geburtstag von Elsa Olenius gaben die beiden Freundinnen ein höchst vergnügtes Interview im Fernsehen, über das sich ganz Schweden freute: die beiden «Tanten» (siehe Seite 50) kletterten um die Wette in einen Baum, um zu beweisen, daß sie es noch konnten. *Es gibt kein Verbot für alte Weiber, in Bäume zu klettern!* sagte Astrid Lindgren dazu.

Im Jahr nach dem Tode des Mannes arbeitete Astrid Lindgren an einem Manuskript, das 1954 herauskam: *Mio, mein Mio.* Wo kam der Einfall her? *Ein einsamer Junge saß trübsinnig auf einer Bank im Tegnérpark, als ich dort vorbeikam. So einfach war das!*[96]

So einfach ist es natürlich nur, wenn alles andere nur auf diesen Jungen wartet, der nicht bei seiner richtigen Mutter und seinem richtigen Vater sein durfte, sondern zuerst in einem Kinderheim und danach bei lieblosen und ungeduldigen Pflegeeltern untergebracht war, und in dessen Leben ein Ruf aus dem Land der Ferne dringt. So steht er auf von seiner Bank im Tegnérpark, *reist durch Tag und Nacht*[97] zu seinem Vater, dem König, und lebt eine Weile in Glück und Frieden. Bis er begreift, daß er für seinen Vater, den König, den bösen Ritter Kato besiegen muß und dadurch alle von diesem verwunschene Kinder befreit.

Das ist ein Loblied auf den Vater, auch auf Freundschaft und Mut, und es löste in der Kritik eine heftige Debatte über Kitsch und Gefühle, Märchen und Machtmotive aus, allerdings nicht in Deutschland. Denn erstens kümmerten sich vor den achtundsechziger Jahren nur wenige Zeitungen und Zeitschriften um Kinder- und Jugendliteratur; wer sich kümmerte, waren meistens Bibliothekare und Lehrer. Und zweitens wurde dieses Genre nicht als wirkliche Literatur betrachtet, sondern höchstens als de-

Astrid Lindgren liest ihren Enkeln vor

ren Vorform. Es gab in Deutschland einen einzigen namhaften Schriftsteller, der auch Kinderbücher schrieb: Erich Kästner. Doch auch seine Kinderbücher wurden von anderen Kritikern besprochen als seine Romane, kabarettistischen Texte und Gedichte. Bis zum heutigen Tag hat die allgemeine Literaturkritik nicht nur mit Astrid Lindgrens Büchern ihre Probleme, da die meisten Kritiker keine Maßstäbe für Bücher besitzen, die erstens Literatur, zweitens aber doch altersspezifisch, also mit der seelischen, geistigen und ästhetischen Entwicklung des Kindes verbunden sind. Daß auch Belletristik alters-, gruppen- und entwicklungsbedingt war und ist, daß sich die Antinomie Comic oder Schundheftchen und gutes Kinderbuch im scheinbaren Gegensatzpaar Krimi oder Schnulze und gutes Buch wiederholt und durch alle Schutz- und Kontrollmaßnahmen der verschiedenen Bundesprüfstellen immer wieder bestätigt wird, wurde zumindest von der Literaturkritik nie gesehen.

Kein Wunder also, daß Astrid Lindgren allmählich unumwunden zugibt: *Ich lese keine Kritiken.*[98] Kein Wunder auch, daß Kritiken andere Ansatzpunkte suchten. So fragte die schwedische Kritikerin Eva von Zweigbergk 1959: «Wer ist Ritter Kato? Hitler oder Stalin? Wieso ist sie, diese Autorin mit ihrem scharfen Witz, den wir alle aus Radiosendungen kennen, so viel melancholischer und trauriger geworden? Warum fühlt Astrid Lindgren gerade jetzt die Notwendigkeit, die Gefahren des Lebens mit allen Schrecken und aller Gewalt den wohlbehüteten Kindern unserer Wohlstandsgesellschaft zu präsentieren, die ihre Lollys lutschen, in sauberen öffentlichen Parks spielen und sich des Abends vor die Glotze drängen?»

Lindgrens Antwort: *Trauer und Schrecken und Gewalt? Seitdem es Märchen gibt, sind sie der gemeinsame Besitz von Kindern und Erwachsenen. Kein orientalischer Märchenerzähler, der die farbigen und recht grausamen Geschichten aus 1001 Nacht im Basar erzählte, machte den Mund zu, weil er Kinder zwischen seinen Zuhörern wahrnahm. Kein isländischer Sagenerzähler hätte etwas dagegen gehabt, daß auch Kinder seinen Geschichten von Rache, Liebe, Haß und leidenschaftlichen Familienfehden lauschten. Keiner Großmutter und keiner Kinderfrau der vergangenen Zeiten wäre es auch nur einen Augenblick in den Sinn gekommen, daß ihre Märchen zu grausam und zu schrecklich für die Kleinen gewesen wären, die sich an sie schmiegten und die über das, was sie hörten, abwechselnd zitterten, weinten und lachten. Kindern wurde erlaubt, sich Geschichten anzuhören, die etwas mit dem Leben und dem Tode zu tun hatten, mit dem Unterschied zwischen Gut und Böse und den Schwierigkeiten, mit denen wir es im Leben zu tun bekommen. Erst vor kurzem ist es den Leuten eingefallen, daß man Kinder höchstens Geschichten von Eichhörnchen aussetzen kann und wie die kleine Lisa dem Weihnachtsmann geschrieben hat. Arme Kinder! Ich finde, daß ihre Geschichten regelrecht erstickt sind unter Eichhörnchen, die reden, aber nichts von sich geben können, was den Leser schaudern, lachen und weinen läßt! Das Lesen sollte Kindern nicht nur Vergnügen bereiten, sondern es sollte sie ganz allgemein in Erregung versetzen. Denn sie brauchen die Aufregung, und wenn sie weder* übersensibel noch krank sind, verstört sie eine solche Lektüre auch nicht, sondern läßt sie friedlich und ohne Alpträume schlafen. «Die beste Stelle war die, wo Mio gegen Ritter Kato kämpft», schrieb mir eine Schulklasse am selben Tag, an dem ich in einer Kritik las, daß kein Kind die Beschreibung von Mios Kampf gegen Kato ohne ernsthafte Nachwirkungen überstehen könne. Nein, Kinder sind nicht so leicht zu verängstigen, sie stellen sich vielmehr unerschrocken gegen das Böse und identifizieren sich mit denen, die gut sind. Sollten wir nicht froh und dankbar sein, daß es nicht umgekehrt ist? Moderne Kinder verfügen nicht über allzu viele Wertmaßstäbe, und deshalb denke ich, daß sie nicht nur nach Eichhörnchengeschichten verlangen, sondern auch nach solchen, die ihnen die Unterschiede zwischen gut und böse erklären. Mio ist nichts als eine Variation dieses Themas vom Kampf zwischen gut und böse, wobei das Böse in der Gestalt des Ritters Kato dargestellt wurde. Ich mußte weder Stalin noch Hitler zum Vorbild nehmen – den Despoten, der böse handelt, kann man überall entdecken, und es hat ihn immer gegeben. Er hat in einer sehr überspitzten Form die Gestalt des Ritters Kato erhalten; um die Botschaft überzeugend zu machen, mußte die Geschichte das Schwarz so schwarz wie möglich malen und das Weiß weißer als Schnee, wie in den alten Volksmärchen. Ich möchte meinen Lesern, wenigstens ein paar von ihnen, mit meiner Geschichte einen lebenslangen Haß gegen die schlimmste Ausgeburt einpflanzen, die es gibt, gegen den Gewaltherrscher mit all seinen verderbten Ränken und Plänen.[99]

Aber das gute Ende! lautete der Einwand, den Astrid Lindgren noch oft hören sollte. Ist das nicht eine Lüge? Eine Flucht? Eine Ablenkung von der Wirklichkeit? Ihre Antwort: Meine Geschichten haben stets ein gutes Ende, damit die Kinder nicht trostlos bleiben. Natürlich glauben erwachsene Leser – mich selber inbegriffen –, daß Mio immer noch auf der Parkbank sitzt, so trübselig und verlassen wie eh und je. Aber alle Kinder samt dem Kind in mir wissen genau, daß es nicht so ist! Mio ist im Land der Ferne, bei seinem Vater, dem König, und er hat es dort gut.[99]

1956 erhielt Astrid Lindgren den Sonderpreis des Deutschen Jugendbuchpreises für Mio, mein Mio. 1956 war das erste Jahr dieses einzigen staatlichen Literaturpreises der Bundesrepublik Deutschland, und mit diesem Buch traf die Jury den Geschmack der Kinder beispielhaft. Es wird bis heute gelesen, und Astrid Lindgren wurde die ausländische Autorin, die mit den meisten Buchtiteln in den Auswahllisten des Deutschen Jugendliteraturpreises, wie er heute heißt, vertreten ist.

Der Gedanke an Gewalt und Krieg bestimmte nicht nur ihr literarisches Werk. Astrid Lindgren hat überall ein Fahrrad stehen, in Stockholm und in Furusund, aber sie besitzt auch einen Führerschein, den teuersten von ganz Schweden[100], weil sie so viele Fahrstunden nehmen mußte, im Sommer und im Herbst 1955. Einen Tag vor Weihnachten meinte der

Fahrlehrer, er könne sie eigentlich noch nicht zur Prüfung zulassen, sie brauche noch mehr Fahrpraxis. *Ach*, rief sie, *so kurz vorm Fest dürfen Sie so etwas doch nicht sagen!* Dabei wollte sie das Autofahren nur lernen, um die Enkel im Falle eines Kriegs schnell aus der Stadt und in Sicherheit zu bringen, doch der Fahrlehrer versuchte ihr zu erklären, *daß ich die größere Gefahr als der Krieg gewesen wäre!* Zum Schluß des ganzen Unternehmens sagte der Fahrlehrer: «Sie können Pippi grüßen, wir haben nun alles getan, was möglich ist. Den Rest muß sie tun!»

Astrid Lindgren ist Radlerin geblieben. *Es wäre ja auch sinnlos gewesen, der Weg von der Dalagatan zum Verlag ist so kurz, daß ich das Auto ohnehin in der Dalagatan hätte parken müssen!* Außerdem geht sie gern zu Fuß, besonders in Furusund, dort wandert sie lange Strecken. *Das ist mein liebster Sport, wenn man so etwas als Sport bezeichnen kann.* Nein, nicht rennen, gehen; wenn möglich, durch den Wald. *Dabei kann man sich gewisse Dinge ausdenken.* Sie trägt bei diesen ausgedehnten Spaziergängen kein Notizbuch bei sich, *auch keinen Apparat mit Band*, sondern *es denkt in mir, à la Goethe,* Astrid Lindgren lächelte, als sie das sagte.

Die einzige Sportart, die sie betrieb, ist das Skilaufen, und zwar Langlauf. Früher fuhr sie in jedem Winter mit den Enkeln nach Dalarna, ins Mittelgebirge. *Jetzt wollen sie höhere Berge!*

1955 tauchte Herr Lilienstengel, der fliegende gute Geist aus dem Land der Dämmerung, wieder auf. ... *doch ohne mich zu fragen, hatte er einfach seinen Charakter geändert. Und wie! Er war so selbstherrlich und eigenwillig geworden, daß man ihm kaum beikommen konnte! Er selbst war absolut der Meinung, er sei ein schöner und grundgescheiter und gerade richtig dicker Mann in den besten Jahren...und darum mußte er unbedingt anders heißen. Vollkommen anders! Warum aber gerade Karlsson vom Dach? Als kleines Mädchen hatte ich besonders gerne unsere kaputten Schuhe zum Schuster gebracht, denn dieser Schuster hatte an der Wand ein paar schauerliche Farbdrucke hängen, die mir unheimlich gut gefielen... Er hieß Karlsson, und er wurde von allen Leuten Karlsson vom Faß genannt. Der Rhythmus dieses Namens muß in mir herumgespukt haben, als ich Herrn Lilienstengel umtaufen wollte. Er wurde zum Karlsson vom Dach, hatte jedoch mit dem redlichen Schuhmachermeister gar nichts gemein.*[101]

Karlsson also, ein kleiner, dicker, herzhaft unverschämter Mann mit einem Propeller auf dem Rücken, der mitten in der Stadt auf dem Dach wohnt, in einem hübschen kleinen Haus, durch die Gegend schwirrt, seine Nase in alles steckt, was ihn nichts angeht, den braven blonden Lillebror kennenlernt, bezaubert und umkrempelt, mit Wonne Zimtschnecken und Fleischklößchen futtert, Lillebrors Dampfmaschine explodieren läßt, dafür aber Lillebror auf sein Dach führt. Dieser Kerl nun, Unruhestifter und bester Karlsson der Welt, wird nicht als ein erfundener Spiel-

geselle vorgestellt, den es eigentlich gar nicht gibt. O nein, Lillebrors Eltern lernen ihn leibhaftig kennen. Karlsson ist eine Realität.

Und sorgte wieder für Aufregung unter den Pädagogen, nun besonders in Deutschland, wo man noch immer nichts von Summerhill und der freien Erziehung wußte, die in diesem englischen Internat praktiziert und später antiautoritär genannt wurde, wo man phantastische Geschichten ohnehin (noch) nicht schätzte und insgesamt in der Kinderliteratur gerade die Phase der Erziehung zur Demokratie durchlebte. So unterlag der beste Karlsson der Welt auch beim Deutschen Jugendbuchpreis. Ein Juror zuviel hielt ihn für eher gefährlich, auf jeden Fall nicht für so nützlich wie die Geschichte von einem Dorf, das in demokratischer Einigkeit ein Storchennest rettet. Störche, fast wie Eichhörnchen.

Es ist seit Comenius und Luther immer wieder darüber gestritten worden, was Literatur für Kinder sei, was sie zu leisten hätte – Unterhaltung

Wo Astrid Lindgren lebt,
steht auch ein Fahrrad,
in Stockholm und auf Furusund

oder Belehrung? Astrid Lindgren hat in ihrem Interview zu *Mio, mein Mio* ihre Antwort gegeben. Doch erst heute, in einer Zeit, in der viele Kinder so denaturiert aufwachsen, daß sie nicht mehr in ihrer Umwelt erfahren können, wer sie sind und warum sie leben, gewinnt die Kinderliteratur als Vermittlerin von existentiellen Antworten eine bisher fast unbeachtete Bedeutung. Sie ist es, die Leben lehren kann, nicht im pädagogischen Sinne, auch nicht in dem von Fluchtliteratur, ganz im Gegenteil: als eine Instanz, die, wie Bruno Bettelheim es formulierte, «dem Leben auf der jeweiligen Entwicklungsstufe einen tieferen Sinn gibt» [102]. Auch das bedeutet nicht, die Wahrheit und die Probleme des Kinderlebens aus falsch verstandenem Schutzbedürfnis zu vertuschen, es bedeutet vielmehr, sie so darzustellen, daß das Kind beides bewältigen kann. Modernen Eltern fällt es zum Beispiel schwer, Kindern begreiflich zu machen, daß vieles, was uns oder die Gesellschaft stört, beleidigt oder leiden macht, in der Natur des Menschen begründet ist. Daß uns Angst und Zorn böse und aggressiv machen. Daß unser Egoismus stärker sein kann als die Liebe zu Eltern und Geschwistern, daß Gier und Geiz, Haß und Trägheit nicht mit guten Absichten zu bewältigen sind. Lindgrens Karlsson stellt diese noch ungebändigte, heftige Seite dar, und Lillebror, das sanfte, brave Kind, verfällt ihm, wie wohl jedes Kind auf Erden seinen noch unbeherrschten Emotionen erliegt. Doch mit der Zeit lernen Lillebrors Eltern den dicken Kerl in Person kennen, der egoistische Trotz des Kindes wird also von den Erwachsenen erkannt und wahrgenommen. Aber was wichtig ist: freundlich, friedlich und sachlich; und in dem Maße, in dem Lillebror die seelischen Kräfte wachsen, wird Karlsson überflüssig, schwirrt davon: Abschied von einem Ungeheuer, als das sich das Kind nicht vorkommen muß, weil ihm ein Buch, über das man auch noch lachen und mit den eigenen Eltern sprechen kann, scheinbar ohne alle Absicht erzählt hat, daß man als Lillebror eben mit diesem oder mit jenem Karlsson fertig werden muß und kann.

Reisen, Ruhm und Politik

Astrid Lindgren richtete den Blick früh über den Kreis der engen Familie und der Nation hinaus. Längst bevor unter ihrer Mitwirkung das Internationale Kuratorium für das Jugendbuch gegründet wurde, setzte sie sich nachdrücklich und praktisch für das gegenseitige Verständnis durch Kinderliteratur ein, als Verlegerin, und entwarf eine Sachbilderbuchserie, für die sie eine Form wählte, die damals nicht üblich, also aufregend modern war: Fotobilderbücher, die europäischen Kindern zeigen sollten, wie andere in anderen Kontinenten lebten, wohnten, aßen, lernten, spielten. Diese Fotobilderbücher gibt es seit 1952, und ihr deutscher Verlag Oetinger hatte sie bis 1986 im Programm.

Reisen begannen eine größere Rolle zu spielen. 1954 hatte Astrid Lindgren eine erste große Lesereise die schwedische Küste hinunter gemacht, ein Jahr zuvor war sie einer Einladung nach Berlin gefolgt. Ihr erstes in Deutschland übersetztes Buch, *Pippi Langstrumpf*, war so jung wie die Bundesrepublik, und die Erinnerung ihrer Leser an Nachkriegshunger und Schwarzmarkt noch frisch und schmerzhaft. Wie sich das auf die Rezeption besonders von Pippi und Mio auswirkte, hielt Louise Hartung fest, die Initiatorin sogenannter «Montagslesekreise», die seit 1953 als vorbeugende Maßnahme des Jugendschutzes in Berliner Jugendämtern durchgeführt wurden. Sie erkannte schon damals, daß «viele Kinder die Anregung zum Lesen brauchen, brauchen den Erwachsenen als Mittler und brauchen jemanden, der ihnen über ihre Unkonzentration hinweg hilft» [103]. Zu dieser grundsätzlichen Erkenntnis, an der sich seitdem nicht viel geändert hat, kam die spezielle, die sich auf die Wirkung der einzelnen Bücher bezieht. Denn Louise Hartung und ihre Mitarbeiter lasen vor, gingen dabei stets auf die spontanen Bemerkungen der Kinder ein und notierten sich die Teile der Unterhaltungen, die ihnen am wichtigsten erschienen. Die Reaktionen der Kinder waren so leidenschaftlich und berührten so «neue, und sonst unzugängliche Aspekte», daß sie die Bibliothekare tief erschreckten. Sie beteuerten, daß sie die Kinder nie als Versuchsobjekte betrachteten oder gar mißbrauchten. Sie lernten, «woran es liegt, daß so oft Kinder und Erwachsene einander nicht mehr verstehen und in verschiedenen Welten leben. Oft haben wir tief beschämt einsehen müssen, wie weit weg das erwachsene Denken und Urteilen sich von dem

Seite 40: "Es wurde ihm klar" nein, aber er war bange dass Oskar vielleicht gehen wollte; ...

Seite 70: "Er packte Rasmus, als sei der ein kleiner Handschuh" — ist das ein üblicher Ausdruck! Wie "som en vante" in Schweden? Wenn "Handschuh" in diesem Zusammenhang nicht üblich ist, bitte, ein anderes Ausdruck.

Seite 90: "Das verlasse Dorf liegt am Meer", nicht "lag"

Seite 100: "gute" nicht "gu-ute" — das ist wohl zu treu übersetzt.

Seite 134: "in die Tiefe". Es war wohl "da keine" Tiefe.

Seite 151: Es war auf dem Heuboden nicht gerade "tiefschwarz", nur dunkel

Seite 163: "nächstes Jahr" soll "nächtes Frühjahr" sein, wenn es mit dem Schwedischen übereinstimmen soll.

Handschriftliche Korrekturen der Übersetzung von «Rasmus på luffen». Deutsch: («Rasmus und der Landstreicher», 1957)

angeborenen Gerechtigkeitssinn der Kinder, ihrem natürlichen Taktgefühl entfernt hat, und wie oft Erziehungseinflüsse Erwachsener zu Verbiegungseinflüssen werden.»

Verständlicherweise beeindruckte diese Kinder, die das Wirtschaftswunder noch nicht erreicht hatte, Pippis grenzenloser Geldvorrat – «ich würde mir erst ein Paar Schuhe kaufen, damit ich immer gut laufen kann». Und vor allem in einer Zeit, in der jeder zuerst an sich selber dachte: «daß Pippi für sich selbst nichts kauft». Kinder, die sich noch daran erinnern konnten, wie ihre Mütter darauf gewartet haben, daß der Vater lebend und heil aus Krieg oder Gefangenschaft zurückkäme, sagten: «Ich hätte zuallererst mal meinen Vater auf dem Meer gesucht, und dann wär ich erst mit den Kindern losgezogen, aber erst mal meinen Vater!» Diese Identifizierung mit den Personen des Buches führte zu direkten und «lebhaften Auseinandersetzungen über alles, was die Kinder bewegt, Umwelt, Erziehungsgrundsätze, Schwarzhandel, Prügel, Stehlen, Tierliebe, Grausamkeit – die gesamte ethische Grundhaltung wird im einzelnen neu belebt. Die Nachkriegszeit mit all ihren Folgen ist keineswegs aus dem Gedächtnis der Kinder verschwunden. Sowie von viel Essen oder Hunger erzählt wird, taucht alles wieder auf...»

Bis heute gilt die Bemerkung von Louise Hartung:«Die dauernde Überlegenheit der Erwachsenen ist dem Kind oft unerträglich, ebenso

*Astrid Lindgren
1957 auf einer
Buchausstellung*

*Berlin-Spandau, 1966: die erste Astrid-Lindgren-Schule in Deutschland
wurde eingeweiht*

wie die körperliche Stärke der Großen.» So notiert sie die Bemerkung
eines kleinen Mädchens über den dicken Herrn, der die Villa Kunterbunt
kaufen will und sagt, er könne kleine Kinder nicht ausstehen: «Der war
doch selber mal eins!» Worauf ein Junge mit einer verächtlichen Hand-
bewegung erwiderte: «Ach, wer denkt denn schon daran!»

Noch stärker war die Wirkung von Mio auf die deutschen Kinder der
Nachkriegszeit. Louise Hartung schrieb auf, wie ein kleines Mädchen in
Tränen ausbrach: «. . . ich muß immer an meinen Vater denken. Den haben sie erschossen. Ein paar Männer haben ihn abgeholt un haben ihn
erschossen, weil er nich schießen wollte. Meine Mutter sagt, seitdem ist
sie hart geworden. Ich finde es gar nicht schön, immer gleich zu heulen,
ich möchte auch so hart werden. Meine Mutter sagt, seitdem glaubt sie an

gar nichts mehr.» Darauf ein Dreizehnjähriger: «Also ich kann überhaupt nicht weinen. Warum denn. Ich kann mir nicht helfen. Bei gar nichts. Auch nicht als meine Mutter starb. Ich kann eben nicht weinen. Wenn meine Tante mich verhaut, tue ich nur so, als ob. Kloppe macht mir überhaupt nischt.» Das kleine Mädchen fragte: «Haste denn kein Vater?» – «Der lebt in Westdeutschland. Der zahlt nischt für mich.»

So war das von Anfang an, und so ist es geblieben: Astrid Lindgrens Geschichten trafen und treffen das Herz des Herzens ihrer Leser, was wiederum bewirkt hat, daß sie von Jahr zu Jahr mehr Kinderbriefe bekam. In Berlin verschenkte sie Pippi-Bücher als *Mittel gegen die Autorität – die Kinder brauchen das!*[104] So etwas machte ihr Spaß, auf eine kriegerische Art und Weise. Selbst so fern von jeglicher Aggression – *ich habe mich nie mit meiner Schwester Stina gestritten!* – war sie immer sofort auf der Seite aller Kinder, die benachteiligt waren. Deshalb machten ihr auch Strapazen der Reisen nichts aus. Mit dem Film *Saltkrokan* fuhr sie später nach Rußland. *Sie standen Schlange*, erzählte sie, *und ich habe gehört, daß Karlsson dort das beliebteste Kinderbuch war. Im Moskauer Theater*

Astrid Lindgren bekommt 1958 im Palazzo Vecchio, Florenz, die Hans-Christian-Andersen-Medaille überreicht

Sartiri spielten sie seit zehn Jahren abwechselnd Pippi und Karlsson. Man kann Kinder nicht unterdrücken, sie bleiben lebendig.

1958 erhielt Astrid Lindgren den wichtigsten Kinderbuchpreis, die Hans-Christian-Andersen-Medaille, die als kleiner Nobelpreis bezeichnet und vom Internationalen Kuratorium für das Jugendbuch (IBBY) seit 1956 verliehen wurde. Sie nahm den Preis am 17. Mai in Florenz entgegen und sagte in ihrer Dankrede den Satz, den sie ebensooft wiederholen wird, wie er zitiert werden wird: *Ich schreibe für ein einziges kleines Mädchen, ein Mädchen, das mitunter sechs Jahre oder acht oder auch elf Jahre alt ist. Immer aber ist es dasselbe Mädchen. Es wohnte vor vielen Jahren auf einem Bauernhof in Schweden, das war im Pferdezeitalter, als es noch herrlich war, ein Kind zu sein.* Sie sagte weiter: *Die Bücher brauchen die Phantasie der Kinder, das ist wahr. Aber noch wahrer ist es, daß die Phantasie der Kinder die Bücher braucht, um zu werden und zu wachsen.*[105]

Ein Jahr später und zu Hause in Schweden wurde sie deutlicher und warnte energisch vor dem neuen Medium, das sich in Deutschland erst allmählich auszubreiten begann. Sie beschwor noch einmal ihre Kindheit, die sich vielleicht in ein Paradies verwandelt habe, *nach dem ich mich heute noch unbewußt sehne*, so daß sie mit den einsamen Kindern ihrer Geschichten nichts als diese Sehnsucht darstelle. *Wie soll ich das wissen? Hänge ich so an Sonnenau, weil ich aus meinem eigenen Kinderparadies vertrieben worden bin? Auf jeden Fall möchte ich am liebsten alle wohlgenährten Kinder aus unserem Wohlfahrtsstaat an der Hand nehmen und von ihren ordentlichen Spielplätzen fortführen in das Land der Ferne. Barfuß sollten sie laufen, in Sonnenau, das so grün ist wie das Paradies! Ich wäre sehr dafür, daß sie manchmal ihre Augen von den Fernsehschirmen lösten, um sich mit ihrer eigenen Vorstellungskraft eigene Bilder zu erschaffen, die alles übertreffen, was sich ein Fernsehproduzent nur ausdenken kann, und sei es noch so gekonnt. Es würde mich zutiefst befriedigen, wenn ich sie dazu brächte, vor Ritter Kato zu zittern und über Mattias und Anna aus Sonnenau zu weinen.*[106]

1960 erschien *Madita*, wieder eine realistische Geschichte. Im Mittelpunkt steht ein fast siebenjähriges Mädchen, eigentlich Margareta, die mit Eltern und kleiner Schwester Pims auf Birkenlund lebt und in deren Erlebnissen sich noch einmal die Kindheit der Autorin spiegelt. Sie sagte oft, daß ihr *Madita* und *Emil* (deutsch: Michel) besonders lieb wären.

1960 reiste Astrid Lindgren zum Kongreß des Internationalen Kuratoriums für das Jugendbuch nach Luxemburg. Diesmal wurde das Werk von Erich Kästner mit der Hans-Christian-Andersen-Medaille ausgezeichnet, und in seiner Dankrede stellte er die Frage, die nicht nur ihn beschäftigte: «Ist der Unterschied, ob Mann oder Frau, so wichtig? ... in bezug auf das Schreiben von Jugendbüchern?»[107] Können Frauen die «treffenderen und insofern die trefflicheren Bücher schreiben?». Das beantwortete er sich selbst mit ihrer Mütterlichkeit und ihrer größeren Intimität mit den Kindern, fuhr jedoch fort: «Schon 1954 in Zürich» hätten ihm Astrid Lindgren und Pamela Travers («Mary Poppins») diese Erklärung ausgeredet, und sie hätten sich darauf geeinigt, daß es «an der nicht allzu häufigen Gabe des unbeschädigten, des lebendig gebliebenen Kontaktes mit der eigenen Kindheit» läge. Er setzte gleich hinzu: «Nur: ich glaube nicht daran.» Er beharrte auf «Weiblichkeit und Mütterlichkeit» als Schlüssel des Geheimnisses und bezeichnete Männer in der Rolle des Jugendbuchautors als «Außenseiter».

Diese Erklärung war so typisch für die fünfziger Jahre, daß sie Astrid Lindgren kaum ernst nahm. Als Erich Kästner sie ein paar Jahre später fragte, ob sie sich noch an diesen Abend in Zürich erinnerte, «erwiderte sie lächelnd: oh ja, ich weiß es noch genau. Wir haben miteinander Walzer getanzt.»

Astrid Lindgren hat sich ohnehin nie um Rollenprobleme gekümmert. Wer auf dem Bauernhof der alten Zeit arbeiten und ein Kind allein und ohne Hilfe durchbringen mußte, der packt zu und richtet sich nach anderen Wertmaßstäben. Ihr tat «die Hausfrau aus der Dalagatan» nichts an. Sie war im Laufe der Jahre eine erfahrene Lektorin geworden, ein Profi der Verlagsarbeit, aber vor allem das, was sie im Herzen immer gewesen war: Kinderdichterin. Sie schrieb eine Geschichte nach der andern, und es wechselten realistische Umweltgeschichten mit phantastischen Romanen und Märchen ab. Dieser Start und diese Laufbahn haben zuweilen zu dem Mißverständnis geführt, ein Kinderdichter oder eine Kinderdichterin seien ein Vater oder eine Mutter, die die Geschichten aufschrieben, die sie ihren Kindern erzählten. Es gibt zahllose Mütter, Tanten und Großmütter auf der Welt, die ihren Kindern und Enkeln so schöne Geschichten erzählen oder erzählt haben, daß diese Kinder immer wieder den Satz sagen, den vielleicht auch Astrid Lindgren gehört hat: «Schreib das doch auf, Mutter!» Der Unterschied zwischen ihnen und Astrid Lindgren besteht jedoch darin, daß jene Geschichten der einen, einzigen Familie, diese aber den Kindern der ganzen Welt nicht nur gefallen, sondern daß sie eine Bedeutung für sie besitzen, und das heißt: Astrid Lindgren ist eine geborene Dichterin, die nur zufällig zuerst auch Hausfrau und Mutter gewesen ist.

Die sechziger Jahre brachten Veränderungen in der Familie mit sich, vor allem Zuwachs an Enkelkindern. Lasse war zuerst Ingenieur bei Honeywell in Stockholm geworden und arbeitete später in der Stadtverwaltung. Aus der ersten Ehe hatte er einen Sohn, Mats, Astrid Lindgrens ältesten Enkel. Er war 1950 geboren, und seine Tochter Matilda, 1983 geboren, wurde Astrid Lindgrens erste Urenkelin. Aus der zweiten Ehe mit Marianne Johansson hatte er zwei Kinder, Annika, geboren 1962, und Anders, geboren 1964.

Karin hatte Carl Olaf Nyman geheiratet, der in einem Schulbuchverlag

Furusund 1969: Astrid Lindgren im Haus ihrer Tochter Karin mit Enkelkindern

arbeitete, bekam vier Kinder, Carl-Johan, geboren 1959, Malin 1961, Nils 1964 und Olof, der Olle genannt wird, 1968.

In den Jahren, in denen Lars kränklich zu werden begann und die volle Berufsbelastung nicht mehr ertrug, übernahm er mit Karin die Verwaltung der Film-, Theater- und Fernsehrechte von Astrid Lindgren.

Ihre Eltern waren alt geworden, aber das hatte nichts an ihrer innigen Verbundenheit geändert. *Ich erinnere mich ihrer, als sie beide die Achtzig schon überschritten hatten und das Leben um sie herum still geworden war, wie mein Vater dort saß und ihre Hände hielt und zärtlich sagte: «Meine kleine Inniggeliebte, hier sitzen wir nun, du und ich, und haben es schön.»* Und sie erzählte, wie diese Tage der Ehe zu Ende gingen: *Nachdem sie abends zu Bett gegangen waren, unterhielten sie sich immer noch eine Weile. Dann sang Hanna ein Kirchenlied oder sagte es auf, und danach sprach Samuel August mit seiner unbeschreiblich treuherzigen Stimme das Vaterunser und den Segen. Wenn ich zu Hause auf Besuch war, stand ich manchmal still vor ihrer Tür und lauschte. Und dachte: wie lange noch? An einem ganz besonderen Abend im Mai 1961 . . . sagte Hanna einen Choral auf, den sie beide oft gemeinsam gesungen hatten und dessen letzter Vers lautet: «Und naht die Todesstunde mir noch diese Nacht, oh Gott, dann ist mein Trost, daß ich bei dir im Leben wie im Tod.»* Es waren die letzten Worte, die Samuel August von ihr hörte. *Kurz darauf erlitt sie einen Schlaganfall, und ein paar Tage später hatte Samuel August keine Hanna mehr.*[108] Er blieb auf Näs und wurde von einer Haushälterin versorgt. *Es war trotzdem ein Kreuz für Gunhild, seine Schwiegertochter, denn sie war so gut zu ihm, aber ihm paßte nichts, was andere machten!*[109] So liebenswert er war, er suchte Trost für seinen Verlust und fand ihn nur darin, daß er alle Frauen um sich herum mit seiner Hanna verglich und dadurch eine Pflegerin nach der anderen vergraulte. *Damals fand man noch Leute*, sagte Astrid Lindgren, *aber schließlich wurde er so gebrechlich, daß ihn die Kinder in ein Heim bringen mußten. Dort war er dann wieder wie immer ganz zufrieden.*

Astrid Lindgren fuhr so oft wie möglich zu ihm nach Näs, und nachdem Gunnar um 1965 mit der Landwirtschaft aufhörte, das «neue» weiße Haus kaufte und alle Tiere und landwirtschaftlichen Geräte verkaufte, begann sie, rings um die beiden Häuser Grund und Boden zu erwerben, damit die Stadt Vimmerby, die sich nach allen Seiten auszudehnen und die alten Höfe zu umschließen begann, Näs verschonen mußte. Gunnar begann damals schon, *sein Herz zu spüren, und war froh, daß er nicht mehr vom Wetter abhängig war.* Die ersten Abschiede also, das erste Gefühl, wie knapp die Zeit ist, die uns zugeteilt wird.

1963 war der Band mit Geschichten fertig, an denen Astrid Lindgren mit dem Vater gearbeitet hatte: *Emil i Lönneberga*, der in Deutschland zum *Michel* wird, weil der Oetinger Verlag Erich Kästner zuliebe nicht einen zweiten «Emil» mit dem weltberühmten Berliner Knaben konkurrieren lassen wollte. *Michel war zuerst nur ein Name, um ein quengelndes Kind zum Schweigen zu bringen: «Rat mal, was der Michel damals angestellt hat?»* Da war der Schreihals still, er wollte ja unbedingt wissen, was *Michel damals getan hatte. Wer dieser Michel war, davon hatte ich selbst noch keine Ahnung . . . Und auf einmal, ohne daß ich wußte wie, bekam der Knirps Leben und fing an, Streiche zu machen; er war einfach nicht mehr zurückzuhalten. Einfälle kann man manchmal als ebenso lebendig empfinden wie richtige Menschen, und für meinen alten Vater Samuel August wurde der Michel schließlich beinahe Wirklichkeit . . . Und von seinem Alt-*

Samuel August und Hanna Ericsson bei ihrer Goldenen Hochzeit

männerbett im Siechenheim träumte er sich zurück in sein eigenes Streiche-
machalter in einer vergangenen Zeit und Welt...[110] Er hat sie selber immer
wieder darauf hingewiesen, daß sie viele ihrer Geschichten nur schreiben
konnte, weil sie noch im entschwundenen Land gelebt hat, so *war für
mich Samuel August mehr wert als jedes Nachschlagewerk.* Der Vater muß
ein hervorragendes Gedächtnis besessen haben, denn er konnte der Tochter von den Preisen für Milch und Butter bis zu den Details bäuerlichen
Alltagslebens alles überliefern, was sie für ihre Geschichte, vor allem für
den *Michel* brauchte. *Er hatte noch gewußt, was er für jede einzelne Kuh
und für jeden Ochsen hatte bezahlen müssen, als er gegen Ende des vorigen
Jahrhunderts selbständiger Bauer geworden war. Er konnte sich noch an
Stiere erinnern, die vor einem halben Jahrhundert zu brüllen aufgehört
hatten.* Es bereitete dem alten Mann vor allem Vergnügen, was die Tochter aus seinem längst vergangenen Ich machte. *Auch ich erzählte ihm viele
Geschichten*, und er dachte darüber nach und fragte Astrid dann bei ihrem nächsten Besuch, wie sie diese oder jene Geschichte hatte weiterge-
hen und wie sie Michel hatte entscheiden lassen.

Einmal unterhielten sich Vater und Tochter über das Essen, und sie
lachten darüber, daß der Vater auch jetzt im Alter noch so gern fettes
Fleisch und Butter aß. Als der Arzt bei einem seiner regelmäßigen Besu-
che die gute Gesundheit von Samuel August lobte, antwortete dieser:
«Ja, das ist, weil ich so gut esse.» Und dann, sagte Astrid Lindgren, hätte
er hinzugesetzt: «Oder vielleicht, weil ich so glücklich verheiratet war.»[111]

Die *Michel*-Geschichten, die vom Alltag eines Bauernjungen im südlichen Schweden erzählen, folgen dem Muster der Lausbubengeschichten. Der Erfinder dieses Titels, der Bayer Ludwig Thoma, ließ seinen bayerischen Lauser die Erwachsenen der Kaiserzeit mit den Augen des Nicht-Erwachsenen betrachten, was beiden Parteien die Qualitäten eines fremden Volksstamms gab. Michel, der schwedische Knabe, betrachtet die Welt und die Erwachsenen mit den Augen eines Kindes und bedenkt diese beiden Hälften mit der Logik eines Kindes. Das ist offenbar universell, und es macht den Unterschied beim Zusammenprall von Kind und Welt aus. Der Lausbub wird bestraft, weil er Regeln verletzt, die Erwachsenen also durch Unangemessenheit belästigt hat, und die Strafe ist drastisch, weil das Kind nicht verstehen, sondern durch Reflexe dressiert werden soll. Erziehungsziel: Parieren.

Gunnar und Gunhild Ericsson

Michel dagegen handelt mit Bedacht, nicht um destruktiv oder aufsässig zu sein, sondern um eine Erfahrung auf seine Weise zu machen, um also tüchtiger zu sein, als es die Erwachsenen offenbar sein können. Daß er bestraft wird, hat nichts mit Gewalt als Folge pädagogischer Ratlosigkeit zu tun, sondern mit dem vollen Arbeitspensum der Bauern im Pferdezeitalter. Sie hatten einfach nicht immer Zeit für soviel Phantasie, sie mußten sich gelegentlich eine Verschnaufpause verschaffen, um ungestört ihre eigene Arbeit erledigen zu können. Deshalb wurde Michel in die Holzkammer gesperrt, dem einzigen Ort auf dem Hof, wo man hoffen konnte, eine Weile vor ihm Ruhe zu haben. Aber so wie Astrid Lindgren von der eigenen Mutter erzählt, daß sie ihre Jüngste nur schweigend abwusch, als diese auf den Küchentisch gekrabbelt und die Schüssel mit der Blutgrütze umgekippt hatte, und danach halt etwas anderes zu Mittag auf den Tisch stellte, so sind auch die Michel-Eltern von einem schweigenden Einverständnis mit den Taten dieses unbändigen Sohnes erfüllt. Sie spüren darin das Leben selbst, die Berechtigung dieses Lebens, sich zu entfalten, und vor allem: sie prügeln nicht. Sie sind nie ungeduldig. Sie explodieren und sie seufzen, aber eigentlich nicht so sehr über Michel, sondern

Illustration von Björn Berg zu «Immer dieser Michel»:
ein småländischer Hof mit Schuppen, Pferde-Hag und Flechtzaun

weil ihnen am Beispiel ihres so lebensvollen Sohnes immer wieder klar wird, was einmal war und was man aufgeben muß. Es sind herzhafte Geschichten, manchmal deftig, aber nie derb, und der Vater mit *seinem wunderbaren Vertrauen in das Leben*[112], der seiner Tochter so viel von seiner Lebensfreude für die Michel-Geschichten überliefert hatte, erlebte noch die Fortsetzungsbände, die in diesem Jahrzehnt erschienen.

1969 bekam Samuel August Ericsson, 94 Jahre alt, eine Lungenentzündung und starb *an einem Abend im Juli... Zutiefst überzeugt davon, daß er Hanna wiedersehen würde.*[112] Und 1980, in einem Interview anläßlich der Verfilmung von «Michel aus Lönneberga», aus der Distanz der Jahre, sagte die Tochter: *Ich glaube, ich habe keinen Menschen mehr geliebt als ihn.*[113]

Astrid Lindgren mag besonders die Illustrationen von Björn Berg zum *Michel*, und wenn sie dem Nicht-Schweden auch etwas zu drastisch vorkommen mögen: sie geben Mensch und Tier, Haus und Hof, See und Hage so bis in die Einzelheiten wieder, daß sie erstens stimmen – auch im kulturhistorischen Sinne –, und zweitens dem Betrachter auch das vor Augen führen, was er sich nicht vorstellen kann, weil er nicht mehr aus dem Pferdezeitalter stammt: die berühmten Gatter mit den Gattertoren, die Michel ebenso wie die Ericsson-Geschwister für die Nachbarn öffnete und sich so ein Kapital von 15 oder 65 Öre erwirtschaftete; die Holzkammer, in der Michel seine Männchen schnitzte; die Küche mit der Schlafbank, die Männer, die im Winter Schuhe frisch besohlten und die eigenen Socken flickten; die Städter in ihrem Sonntagsstaat; das ungehobelte Bauernvolk in seinen Baumwollhemden und die Armenhäusler in ihren Umschlagtüchern.

Wer sich allein diese Bilder betrachtet, lernt Schwedens bäuerliche Vergangenheit so kennen, wie man das proletarische Berlin durch Heinrich Zilles Zeichnungen kennenlernen kann.

Dazwischen gab es Filmarbeit, eigener Familienalltag, Ferien auf Furusund, wo die Enkel ihre ersten Kindersommer erlebten, der nächsten Generation also Geschichten erzählen, spielen, nächtliche Waldwanderungen mit der Taschenlampe, segeln, rudern, schwimmen, Mittsommerfeste. *In Melcher steckt viel von mir aus diesen Jahren. Wie er sich Sorgen macht um all seine Kinder, wie er sie liebt und möchte, daß sie glücklich werden.*[114]

Dieser Roman, *Ferien auf Saltkrokan*, entstand erst nach dem gleichnamigen Fernsehfilm, der eigentlich «Norröra» heißen sollte, nach der Schäreninsel, auf der der Film 1963 gedreht wurde und die nicht weit von Furusund entfernt liegt. *Wir sind mit dem Helikopter über den Sund geflogen und haben gesucht und gesucht, sind manchmal gelandet und haben uns alles angeschaut, bis wir die richtige Insel hatten!* Auf Norröra gab's ein Schreinerhaus für Sommergäste, das die Fernsehgesellschaft für die Dauer der Arbeit mietete, und *den Schreiner habe ich dazu erfunden*.

In Vater Melcher, Schriftsteller, verwitwet, vier Kinder, auf der Suche nach einem Ort des Glücks und des Atemholens, vielleicht sogar der Sicherheit, kann der Leser in der Tat manches Lindgrensche entdecken. Nicht nur die Liebe zu dieser kargen, schönen Insel- und Meereslandschaft, die Liebe zu kleinen, überschaubaren Menschengruppen, in denen das Mißgünstige und Böse irgendwann doch ans Tageslicht kommt, die Liebe zum Hage mit seinen Erdbeeren und Ameisenpfaden. Melcher ist der erste Erwachsene, der nicht in einem Ort wie Näs oder Vimmerby geboren und aufgewachsen ist, er ist ein Großstadtmensch, und ohne seine eigenen Kinder und ihre Inselfreunde, vor allem Tjorven, was auf Deutsch soviel wie «Irrwisch» heißt, hätte er keines seiner Ziele, weder Haus noch Glückseligkeit erreicht.

Melancholie und Einsicht in die Gebrechlichkeit der menschlichen Natur: das schien ein neues Thema, ein neuer Ton zu sein, aber wer vor zwanzig Jahren *Pippi Langstrumpf* aufmerksam gelesen hatte, der mochte sich an manche Szenen erinnern, in denen Pippi so einsam wie Melcher in die Nacht schaute, so verloren, wie es kaum zum Kunterbunt dieser Geschichte zu passen schien.

Die nächsten Jahre brachten wieder hohe Ehren für Astrid Lindgren. 1965 erhielt sie den schwedischen Staatspreis für Literatur, 1967 wurde zu Ehren ihres 60. Geburtstags von ihren beiden Verlagen, Rabén und Oetinger, der Astrid-Lindgren-Preis gestiftet, und 1971 bekam sie die Große Goldmedaille der schwedischen Akademie für Literatur.

Das Jubiläum hatte Friedrich Oetinger auch dazu veranlaßt, einen alten Wunsch zu verwirklichen und eins der Lindgren-Werke vertonen zu lassen. 1969 gab er *Mio, mein Mio* als Oper in Auftrag, und Astrid Lindgren kam nach Hamburg, um mit der Schweizerin Gerda Bächli am Libretto zu arbeiten. Der damalige Intendant der Hamburger Staatsoper, Rolf Liebermann, erfuhr von diesem Opernplan, nahm Kontakt zu Friedrich Oetinger auf, schlug Constantin Regamey als Komponisten vor und wollte das fertige Werk in Vertrag nehmen. Ab 6. Dezember 1972 sollten dreizehn Aufführungen stattfinden. Peter Beauvais sollte die Regie führen.

Norröra 1964: Astrid Lindgren mit Filmkindern während
der Dreharbeiten zu «Ferien auf Saltkrokan»

Stockholm 1970: Astrid Lindgren feiert mit ihrem schwedischen Verleger
Hans Rabén die Pensionierung

Doch Regamey wurde krank und konnte den letzten Akt nicht mehr termingerecht vollenden, und Liebermann mußte «Mio, mein Mio» vom Spielplan absetzen. 1972 verbrannten die Kulissen der Oper und der Schimmel beim Brand der Werkstätten der Staatsoper, und es nützte nicht mehr viel, daß Regamey 1973 die Musik fertig schrieb. In Hamburg hatte ein Intendantenwechsel stattgefunden. August Everding, Liebermanns Nachfolger, hatte andere Pläne.

Auf diese Art und Weise kam Astrid Lindgren 1973 zu einem ungewöhnlichen Weihnachtsgeschenk: Partitur und Klavierauszug ihrer Oper, zur ewigen Erinnerung in haltbares Leder gebunden.

Dazwischen jedoch lag 1968, in der allgemeinen Geschichte Europas ein Datum, vor und nach dem man zu zählen begann. Daß Studenten in Paris und Berlin auf die Straße gingen und demonstrierten, veränderte nicht nur die Hochschulen, sondern die Kultur bis zur Pädagogik und Kinderliteratur. Eine neue Aufklärung, neue Hoffnung auf Vernunft, Kritikfähigkeit statt Anpassung, laisser faire statt Drill, Antiautoritäres statt angemaßter Autorität, gesellschaftliche Relevanz statt Eigeninitiative und persönlichem Mut – das waren ein paar der auftauchenden Gegensätze und Schlagwörter. Sie bewirkten vor allem, daß in Europa die

Hamburg 1971: Astrid Lindgren feiert mit ihren deutschen Verlegern Heidi und Friedrich Oetinger das fünfundzwanzigjährige Bestehen des Verlages

Entwicklungen gleichzeitig verliefen. Was geschah, hatte in Schweden wie in Deutschland sein Echo, infolgedessen geriet Astrid Lindgren in ihrem eigenen und in dem Land, in dem ihre Auslandsauflage am höchsten war, immer wieder unter Beschuß. Sie begann, bei Pädagogen, Jugendbuchfachleuten und Sozialpädagogen, die ihre Befreiungs-Ideen für vollkommen neu hielten, keine bürgerlichen Variationen dieser Prinzipien duldeten, sondern eindeutige Gegen- und Feindbilder brauchten, ein Ärgernis zu werden.

Dieser Ärger bestand zum größten Teil darin, daß Astrid Lindgren nicht einzuordnen war. Natürlich war sie bürgerlich, weil sie den Kindern eine sogenannte heile Welt präsentierte. Aber sie entstammte unbezweifelbar der Schicht der Unterprivilegierten, bekannte sich zum Sozialismus und hatte mit Pippi, dem Mädchen, das Polizisten aufs Dach und in die Lächerlichkeit lockt, keinem Zwang, nicht einmal einem Lehrer gehorcht, die antiautoritäre Heldin reinsten Wassers geschaffen. Doch was das Ärgerlichste war: die Kinder liebten die zwielichtige Pippi Langstrumpf, aber auch den zarten Mio, mein Mio mit seiner vollkommen eindeutigen Liebe zum und der Unterordnung unter den Vater, und genauso den erzkonservativen Karlsson vom Dach, der so unverhohlen

115

Gibberyd 1971: Astrid Lindgren schreibt die Drehbücher für ihre Filme selbst und ist auch gern bei den Aufnahmen dabei. Hier mit dem Darsteller von Michel in Lönne-berga

egoistisch und wettbewerbsbesessen ist. Und selbst wenn Lindgren Solidarität darstellt, so ist es nicht die brüderliche Einheit im Kampf gegen eine kinderfeindliche Gesellschaft, gegen Unterdrückung und Fremdbestimmung, es ist die glückliche Solidarität von Kindern, die sich im liebevollen und humorvollen Schutz von Erwachsenen spielerisch zueinander und miteinander entwickeln können und dabei lernen, daß man bei sich selber anfangen muß, wenn man die Gesellschaft ändern will, und daß sich diese Veränderungen auch immer nur auf Lebensbereiche beziehen können, in denen man selbst wirkt.

Astrid Lindgren hat sich nie um die Kritik gekümmert, die immer wieder verlangte, daß sie, gerade sie mit ihrem Erfolg, ihrer Stimme, ihrer Wirksamkeit, endlich ihre heile Welt entlarve und verließe. Sie hat ganz im Gegenteil ruhig und geduldig darauf hingewiesen, daß sie nur über das schreiben könne, von dem sie etwas verstünde. Das Großstadtelend der Kinder, sozialpolitische Probleme, verschmutzte Umwelt: sie sähe ein, daß andere Schriftsteller diese Themen bearbeiten müßten. Sie aber könne nur sich selbst geben... Sie mußte noch in vielen Radio-, Fernseh- und Zeitungsinterviews antworten, aber wenn sich mancher schon über diese Sätze ärgerte, mit denen Astrid Lindgren den Kritikern, die sie attackieren und lächerlich machen wollten, den Wind aus den Segeln nahm, so war das nichts im Vergleich zu dem, was sie mit ihrem nächsten Buch verursachte.

Denn für sie und ihre Familie hatte das Jahr 1968 eine ganz andere Bedeutung gehabt. Es brachte den plötzlichen Tod eines jungen Neffen, der Astrid Lindgren tief erschütterte. *Das werde ich nie vergessen, wie mich Ingegerd anrief und sagte: Åke hat sich heute nacht totgefahren.*[115]

Dieser Tod und der Tod des Großvaters beschäftigte auch die Kinder der Familie und ließ Astrid Lindgren *Die Brüder Löwenherz* schreiben. *Als ich klein war*, sagte sie, *glaubte man, man kommt in den Himmel*, aber Astrids Enkel Nisse, damals vier oder fünf Jahre alt, *hatte keine religiöse Vorstellung. Er wußte nur, man muß in die dunkle Erde, und das wollte er nicht* und konnte deshalb nur *mit Todesangst* an das Sterben denken. Das ist für Astrid Lindgren mit ein Anlaß gewesen, dieses neue Buch zu schreiben, und während sie daran arbeitete, las sie es diesem Enkel vor.

Die Brüder Löwenherz sind die Helden des Romans. Jonathan: älter, schön und gesund; Krümel: klein, ängstlich und todkrank. Er weiß, daß er sterben muß, und Jonathan erzählt ihm zum Trost vom Lande Nangijala, wohin man kommt, wenn man gestorben ist, und wo noch die Zeit der Sagen und Abenteuer herrscht. Doch das Haus gerät in Brand. Jonathan stirbt bei der Rettung des Bruders als erster. Krümel folgt ihm jedoch bald, und die Brüder treffen sich wieder in Nangijala. Doch dieses Land ist von Tengil, dem Tyrannen bedroht, der mit Hilfe von Katla, dem Drachen, im Nachbartal herrscht und auch das Tal erobern will, in dem die Brüder leben. Beide greifen leidenschaftlich in den Freiheitskampf ein, und Jonathan entscheidet ihn. Tengil fällt, aber Jonathan wird von Katlas tödlichem Gifthauch getroffen. Während er und Krümel noch sehen, daß auch der Drache umkommt, tröstet Jonathan den Bruder abermals mit einer Geschichte von Nangilima, dem Land, in dem es noch schöner ist und in dem eine heitere Zeit voll Freude und Spiel herrsche. Da nimmt Krümel den sterbenden Bruder auf den Rücken und springt von der Klippe – durch den Tod in das Land Nangilima hinein.

Die Reaktion des Enkels, dem Astrid Lindgren vorgelesen hatte: «Ja, wir wissen nicht, wie es ist, es kann also gut sein, daß es so ist, wie du es geschrieben hast.»

Dieses fast philosophische Einverständnis des Kindes teilten die Erwachsenen allerdings nicht. Das Buch brachte im Dezember 1973 die gesamte Kinderbuchszene Schwedens in Aufruhr, und was dort geschah, besaß auch eine fast exemplarische Bedeutung für die Situation der westdeutschen Kinderliteratur. Denn in Schweden hatte sich während der Auseinandersetzung um diesen Roman gezeigt, daß eine Diskrepanz entstanden war zwischen den Konsumenten der Kinderliteratur, den Kindern, und denen, die auf Grund von sozialpädagogischen und politischen Ansichten genau zu wissen meinten, welche Bücher den Kindern welcher Schichten gemäß sind, welche sie gern lesen oder nicht verstehen sollten. Die Ansichten dieser Theoretiker, in Schweden war es die «Kinderbuchgruppe» aus literaturwissenschaftlichen Studenten der Universität Göteborg, beeindruckten jedoch auch die professionellen Kritiker Schwedens so, daß diese nur verstohlen zugaben, wie spannend sie Lindgrens Roman gefunden hätten, und sich dann beeilten, die Kritik der «Kinderbuchgruppe» für die Allgemeinheit verständlich umzuformulieren. «Die Kritik», schrieb P. C. Jersild in «Dagens Nyheter», «stellte fortschrittliche Maßstäbe dafür auf, daß man die Kinder nicht lehren dürfe, die Welt schwarz-weiß oder gut-böse zu verstehen, und auch darüber, daß Selbstmord als Flucht nicht geduldet werden dürfe (jedenfalls nicht bei Kindern). Ferner soll man die Wahrnehmung der Wirklichkeit bei Kindern nicht dadurch stören, daß man Märchen und Wahrheit vermischt. Deshalb müsse man fragen: Wo steht A. L. politisch? Weiß sie, was sie tut? Schreibt sie mit dem Magen oder mit dem Kopf? Falls letzteres der Fall sein sollte, handelt es sich dann um einen sozialdemokratischen oder einen Zentrumskopf, einen Kommunistenschädel oder Glistrupschädel – oder um was?» Das wurde dann wieder eingeschränkt: «Derartige Untersuchungen [über die Wirkungsweise von Kinderliteratur] sind sehr schwierig und müssen mit Achtung vor dem Kunstwerk, mit Weitblick und vielleicht auch mit ein wenig Humor durchgeführt werden. Sonst besteht die Gefahr, daß man sich in eine Art Oberster Sowjetkommission für sozialrealistische Kinderliteratur verwandelt.» Der Schluß war jedoch wieder so formuliert, daß der Kritiker vor der Gruppe der jungen Politpädagogen bestehen konnte: «Da A. L. eine Hexe ist, hat sie das Buch

Astrid Lindgren bei Ilon Wikland, die viele ihrer Bilderbücher und Romane illustriert hat und eng mit der Autorin zusammenarbeitet

nicht mit Warnschildern versehen. Deshalb ist es nötig, daß man die Hexen im Zaume hält, indem man auf die Tür des Pfefferkuchenhäuschens das Kreuz oder Hammer und Sichel malt.»[116]

Die Brüder Löwenherz waren das 32. Buch der Autorin, deren Werk 1973 eine Gesamtauflage von zwölf Millionen hatte und die zu ihrem neuen Buch sagte: *Noch nie ist die Reaktion auf eins meiner Bücher so schnell erfolgt.*[117] Diese Geschichte hat viele Interpretationen gefunden: Indische Wiedergeburtstheorien; zenbuddhistischer Pazifismus; Tagträume; Wirklichkeitsflucht; Kampfruf gegen die schematische Auffassung des Milieus; selbst eine Analogie der Tengilsmänner mit den «Engelländern» ist vorgeschlagen worden. Lennart Hellsing fragte in «Barnboks Guiden», ob die Polarisierung der Welt in Gut und Böse noch zeitgemäß sei, «sollten wir nicht alle wissen, daß der böse Mensch nicht so böse ist, wie es scheint? Können wir mit dieser Einstellung je eine Verbesserung unseres Rechtswesens erreichen, können wir so die Probleme zwischen Juden und Arabern, Negern und Weißen lösen?»

Astrid Lindgren in ihrem Stockholmer Arbeitszimmer

Man sieht, diese Fabel von zwei Brüdern, die sich über alle Maßen liebhaben und nur glücklich sind, wenn sie zusammen sind, dieses Märchen von Feuer- und Wasserproben und dem unverletzlichen Wesen der Menschen spielt selber Märchen: Es muß die Wahrheit sprechen, wer diese Worte liest. Die Hilflosigkeit der Fachleute vor ihren eigenen Prinzipien machte jedoch gar nichts aus. Die Kinder haben sie sowieso nicht wahrgenommen. Sie hatten statt dessen so viele Briefe wie zu keinem anderen Buch an die Autorin geschrieben, in denen sich ständig solche Sätze wiederholten: «Das ist dein bestes Buch, hej!» Oder: «Astrid, ich muß dich loben! Ich habe viele Bücher gelesen, aber gegen deine kommen keine anderen an.» Oder: «Es ist so schwer, es in Worten auszudrücken, aber alles ist so wunderbar, grausam und schön.» – «...so spannend und traurig und lustig.»

Wieder wies Astrid Lindgren darauf hin, daß Kinder Bücher anders lesen als die Erwachsenen. Der Erwachsene könne das alles nur als Traum und Flucht verstehen, während das Kind an das gute Ende glaubt. Und wieder sagte sie: *...wenn ich ein Kinderbuch lese, möchte ich lieber ein Kind sein, und deshalb ziehe ich es vor, meiner Erwachsenendeutung zu mißtrauen.*

Nun könnte man einwenden, Kinder hätten mit ihrem Urteil über Bücher nicht immer recht. Sie schwärmen auch für Kitsch und Schund. Das ist richtig. Aber es ging in diesem Fall nicht um die Relevanz von Kinderaussagen, sondern um die Tatsache, daß die künstlerische Qualität und der glückliche Zusammenfall von Genie und Beliebtheit negiert werden sollten, weil sie ein Weltbild störten. Es ging darum, daß Lindgren wissen müßte, «was sie tut», statt etwas vorzüglich zu tun. Es machte die Sache für sie nur noch schlimmer, daß sie erwähnte, die Memoiren des Lagerkommandanten von Auschwitz, Höss, hätten ihr *die Illusion über eine ausgleichende Gerechtigkeit zerschellen lassen. Überall in der Welt herrscht das Böse, überall gibt es Menschen, die berufsmäßig andere der brutalsten Tortur aussetzen. Daran dachte ich, als ich in den Brüdern Löwenherz das Böse schilderte.*

Mit diesen Sätzen zerschlug Lindgren selbst eine Illusion und angenehme Vorurteile. Denn bei dem erregten Streit in Schweden ging es darum, daß man einer etablierten Kinderdichterin der sogenannten heilen Welt nicht gestatten mochte, Themen wie das von Freiheitskämpfen in unheilen Welten erstens aufzugreifen und zweitens damit erfolgreicher zu sein als andere Autoren, die sich eigens für dieses Thema profiliert hatten. Das Prinzip der heilen Welt und ihrer durch die Bürgerlichkeit bedingten Verlogenheit sollte also gelten. Auf pädagogische oder literarische Tatsachen und vor allem auf die Kinder nahmen die Ideologen dabei keine Rücksicht. Deshalb wollten sie auch die Kinder vor dem Thema Tod behüten, obwohl man ihnen sonst schon im Kindergarten Bilder über den Krieg in Vietnam empfohlen hatte und bürgerliche Zaghaftigkeit zu

Recht mit dem Einwand ausräumte, schon Kleinkinder sähen Morde im Krimi, Leichen in der Tagesschau und Terror in den Zeitschriften. Der Tod war nur dann kinderfrei, wenn man mit ihm politische Gegner anprangern konnte. Im *Trostbuch*, wie Lindgren die *Brüder Löwenherz* nannte, wurde er jedoch zur «recht gefährlichen Spielsache für junge Menschen». Als am gefährlichsten wurde freilich Astrid Lindgren empfunden, und das war sicher richtig. Denn hier stand eine Frau, die unbeirrt zuerst an die Kinder dachte, für die sie schrieb, und die genau wußte, was diese Kinder brauchen und *daß ich die Kinder auf meiner Seite habe. Aber alle anderen?*

Die anderen Leser reagierten später, denn Astrid Lindgren bekam noch Jahre nach dem Erscheinen besonders viele Briefe von Erwachsenen, von Müttern und Ärztinnen, die ihr bestätigten, welchen Trost dieses Buch tatsächlich Kindern spendete, die einen Tod miterlebt hatten oder selber krank waren. Eine Ärztin schrieb, Kinder, die sterben müßten, wüßten das genau. Es sei deshalb falsch, wenn Eltern auswichen und sagten, ach, es wird schon wieder gut! Damit verweigerten sie den Trost, der im menschlichen Wort, im Gespräch steckte. Ihr Vorschlag, der Astrid Lindgren sehr berührte: dies Buch sollte zu einer Art Pflichtlektüre für alle sterbenden Kinder werden.

Ein Kind hatte sie übrigens auch auf den Namen der beiden mythischen Zwischenreiche gebracht: *Ein mir nahestehender kleiner Olle, dessen Wortschatz noch keine zehn Wörter umfaßte, hat sich ein eigenes Wort ausgedacht: Nan-gi. Niemand in der ganzen weiten Welt außer ihm weiß, was es bedeutet, aber es scheint etwas sehr Lustiges zu sein, denn er lacht jedesmal laut auf, wenn er es gesagt hat. Nan-gi? Was oder wer ist denn nur Nan-gi? Nan-gi? Halt! So ungefähr fängt es manchmal an...*[118]

1973 erhielt sie ihre erste Ehrendoktorwürde von der schwedischen Universität Linköping. *Da saß ich zwischen all den ehrwürdigen Koryphäen aus Kunst und Wissenschaft und fühlte den Lorbeerkranz auf meinem Kopf. Das Ganze schien mir so unwirklich. Ich dachte plötzlich an meinen Morgenspaziergang im Wald, ein Erlebnis, genauso fein wie Ehrendoktor zu werden, dachte ich, und so kamen mir meine Eltern in den Sinn, was die wohl zu den Lobreden und dem Diplom gesagt hätten...*[119]

Im folgenden Jahr traf sie wieder ein Verlust aufs tiefste. Gunnar wurde schwer krank. *Er hatte ein zu großes Herz. Er war sehr krank und wurde ganz mager. Er hat immer geweint, er wußte, daß er sterben mußte.*[120] Astrid Lindgren, die seit 1970 nicht mehr im Verlag arbeitete, wohnte in den letzten Lebenstagen des Bruders im alten roten Haus, in dem sie einst «fliegen können wollen» gespielt hatten, und ging jeden Morgen zu ihm hinüber. Im Mai 1974 starb Gunnar Ericsson.

1974 war wieder ein Jahr großer Ehrungen. Der schwedische Buchhandel verlieh Astrid Lindgren seine Medaille für die *Brüder Löwenherz*, außerdem erhielt sie die russische Medaille des Lächelns.

Leicester 1978: Dr. honoris causa Astrid Lindgren

Astrid Lindgren hat immer versucht, ihre Familie aus dem herauszuhalten, was aus ihrem eigenen Leben geworden war: ein Teil der Öffentlichkeit. Sie hat also beherzigt, was ihre kleine Tochter Karin 1945 über Pippi Langstrumpf gesagt hat (siehe Seite 71) und nie Interviews gegeben mit eigenen Kindern oder Enkeln als Dekoration oder als eine Art Beweis. Auch in ihren Geschichten blieb sie zurückhaltend und hat nur die eigene und die Kindheit des Vaters als Quelle und Vorbild benutzt. Ihren Sohn und ihre Tochter hat sie verschont. Ihr Privatleben, fand sie, ginge keinen etwas an, weder Journalisten noch Öffentlichkeit, und es wäre ihr nie in den Sinn gekommen, über das Privatleben anderer zu verfügen. Hätten andere betroffen sein können, so bestand ihre Antwort in Schweigen. Sie schwieg also zu manchen Fragen, nahm gelassen Unverständnis und Mißverständnis in Kauf, doch obgleich sie eher zur Selbstironie neigt und findet, man solle die eigene Person nicht so wichtig nehmen, traf es sie, als sie 1977 bei der Heimkehr von einer Reise ein Buch über sich selbst in der Buchhandlung vorfand, in dem ohne Rücksicht auf die anderen Beteiligten das ausgebreitet wurde, was Astrid Lindgren nicht für die Öffentlichkeit bestimmt hielt. Und was sie hatte verhindern wollen, ereignete sich nun: in jeder Frauenzeitschrift und Illustrierten schrieb jemand etwas über «den unbekannten Sohn Astrid Lindgrens»[121], ohne sich über den wahren Sachverhalt zu informieren. Dabei hätte jeder, der sich mit Astrid Lindgrens Biographie beschäftigte, durch den Vergleich der verschiedenen Daten auf die Tatsache stoßen können, die nun für Wirbel sorgte, der natürlich den Sohn stärker traf als die Mutter. Aber selbst sie sagt im Rückblick: *Das hat mich wirklich gestört.*[121]

Ihre öffentlichen Auskünfte wurden danach womöglich noch zurückhaltender, stereotyper und spöttischer. Sie wurde einerseits immer mit der mißtrauischen Frage konfrontiert: War diese Kindheit wirklich so ideal? Gibt es so etwas wirklich? Oder sind das nur Beschwörungen und Beschwichtigungen, die noch etwas ganz anderes zudecken sollen?

Andererseits wurde sie immer gebeten: Sag uns noch etwas über diese Kindheit! Sag uns alles! Verrate uns das Geheimnis des Glücks! Einmal hat sie in Zürich zwischen Spott und Ungeduld in einer Diskussion gesagt: *Schriftsteller lügen immer, das wissen Sie doch!*[122] Und in Wien: *Meine Kindheit? Das weiß doch schon die ganze Welt! Aber nun werde ich lügen und sagen: es war schrecklich!*[123] Die Neugier von Leuten, die sie nur sehen wollten und keins ihrer Bücher gelesen hatten, ärgerte und langweilte sie, aber meist blieb sie freundlich, antwortete sittsam und immer wieder dasselbe, oft wortwörtlich im Abstand von Jahren, bezeichnete sich als vom Schicksal verwöhnt und wies auf das kleine Mädchen hin, das sie einmal gewesen war und für das sie nun schriebe. Damit wehrte sie sich. Mit diesen Sätzen, die auch immer wieder gedruckt wurden, wehrte sie die Erwachsenen ab.

Ich finde mich selber ganz uninteressant, sagte sie in Wien 1976, als sich auf dem Flugplatz schon die Journalisten auf sie stürzten, *ich habe mich von Anfang an bis jetzt für Kinder interessiert... Kinder kommen mich besuchen. Kinder rufen mich an oder schreiben mir: du kennst mich nicht und schreibst trotzdem genau, wie es mir geht! Es gibt viele Kinder, die unglücklich sind und die es im Leben schlecht haben. Dann suchen sie jemanden, der etwas für sie tut.*[124]

Hat Kritik irgendeinen Einfluß auf sie? wurde sie 1978 gefragt. *O nein, nein. Auf solche Dinge kann ich keine Rücksicht nehmen, wenn ich schreibe. Was ich schreibe, das schreibe ich. Ich weiß doch, daß das Echo sich von einer Woche zur anderen ändern kann, und wollte ich darauf horchen, woher der Wind weht, dann würde ich nie wieder ein Buch schreiben.*[125]

Auch die Fragen nach ihren Büchern ermüdeten sie. *Die Leute sollen sie doch erst lesen!* sagte sie immer wieder, *es steht ja alles darinnen!* Einmal schrieb ihr eine deutsche Dame, die einen Essay über Pippi Langstrumpf verfassen wollte, und fragte, ob Astrid Lindgren dies so und jenes so gemeint hätte. *Ich sollte es nur bestätigen! Aber ich habe gar nichts gemeint! Die Menschen wollen Essays schreiben können.* Sie sah genau, in welche

Situation sie getrieben wurde: *Sie glauben, sie können alles mit mir machen, was sie wollen. Aber – ich spüre mehr Liebe als Zorn. Der gilt nur manchen Zeitungen.*[126]

Von Resignation war jedoch keine Spur, im Gegenteil. Astrid Lindgren hatte zum erstenmal erkennen lassen, daß sie ein so politischer Mensch wie Vater und Bruder war, und das begann so munter wie ein Märchen mit der Pomperipossa. Das ist ein altes Trollweib, Einheimischen dem Namen und dem Wesen nach so vertraut wie uns die Knusperhexe oder Rumpelstilzchen. Schon in ihrem ersten Buch ließ Astrid Lindgren in ihrer Neigung zu lautmalerischen Namen die Heldin Britt-Mari vor einem Kostümball überlegen, *ob ich mich besser für die Hexe Pomperipossa oder die Kaiserin Cleopatra eignete*[127].

Pomperipossa in Monismanien – das war nun der Titel eines Polit-Märchens, mit dem Astrid Lindgren wie immer in aller Schlichtheit und Klarheit, ohne ihre Stimme mehr zu erheben als in ihren Kinderbüchern, auf zehn Seiten bewies, daß sie auch in der Steuer- und Finanzpolitik mitreden konnte. Am 10. März 1976 stand im «Expressen»: *Jetzt will ich euch ein Märchen erzählen* ... von besagter Hexe, die ihr Land liebte, sogar *die weisen Männer*, die dem Land vorstanden, die sie, die Hexe, gewählt hatte und die seit 40 Jahren einen *so guten Staat* geschaffen hatten, daß Pomperipossa nicht nur froh war, ein Stückchen von diesem *Wohlfahrtskuchen* abzubekommen, sondern auch stolz, daß sie dazu beigetragen hatte. Nun gab es Monismanien die sogenannte Marginalsteuer, *die besagte, je mehr Geld man verdiente, desto mehr davon hatte man dem Reichsschatzminister abzuliefern* ... *Mehr als 80 bis 83 Prozent wollte er aber von keinem haben, nein, er war ja nicht unvernünftig* ... *Und Pomperipossa war von Herzen zufrieden damit und lebte froh und puppenlustig.* Es gab jedoch noch etwas, von dem Pomperipossa erst durch eine Freundin erfuhr, daß ihre Marginalsteuer nämlich in diesem Jahr 102 Prozent betrüge. *Unsinn*, sagte Pomperipossa, *so viele Prozente gibt's ja gar nicht!* Sie mußte aber natürlich lernen, daß es in *Monismanien wer weiß wie viele Prozente gäbe*, und da die arme Pomperipossa Kinderbücher schrieb und *in allen Ecken und Winkeln der Welt diese schrecklichen Kinderchen sitzen und für mich Geld zusammenlesen*, rechnete sich die Hexe aus, daß sie von – schlimmstenfalls! – 2 Millionen Kronen Einnahmen 5000 für sich behalten könnte. *Jetzt bekam sie es wirklich mit der Angst* ... *Woher krieg ich nur mein täglich Brot? dachte sie* ... *vielleicht kann ich die weisen Männer aufsuchen und an ihre Tür klopfen, womöglich erbarmen sie sich meiner und geben mir ein paar von diesen 1 995 000 Kronen* ... Dann folgte der Vergleich mit ausländischen Schriftstellern, wie einem *netten kleinen Russen*, der nur 13 Prozent Steuern bezahlte. *Als Pomperipossa ihm von ihren 102 Prozent erzählte, fiel er vom Stuhl. Sobald er sich wieder aufgerappelt hatte, fuhr er schnurstracks heim, um diese unerhörte Nachricht in seinem Land zu verkünden* ... *Vielerlei ging ihr da durch den Kopf: daß*

Stockholm 1978: Astrid Lindgren und das Pomperipossa-Brecheisen

die Ärzte nun einfach nicht mehr arbeiteten. Daß ihr Vater Schulden für verwerflich gehalten hatte, daß Abschreibungen für Altersversicherungen nun mit Steuerhinterziehungen verglichen wurden, ebenso wie die finanzielle Unterstützung alter Eltern. Und dann, nach dieser schlichten Aufzählung, holte Pomperipossa Luft und stellte Fragen, und zwar diejenigen, die sich der Rest ihrer Landsleute auch stellte, falls sie nicht schon wie Ingmar Bergman die Koffer packten, um ins Ausland zu fliehen: *Sind dies wirklich die weisen Männer, die ich so hochgeschätzt und bewundert habe? Was erstreben sie? Einen Staat, so verpfuscht und unmöglich wie nur möglich? Oh du reine, blühende Sozialdemokratie meiner Jugend, was haben sie aus dir gemacht! Was ist das bloß für ein seltsamer säuerlicher,*

Gunnar Sträng

Olof Palme

neidgeschwängerter Mief, der sich auf ganz Monismanien gelegt hat, und warum sagt niemand laut und deutlich seine Meinung? Und im Postscriptum des Artikels stand, daß Pomperipossa während der Drucklegung der Zeitung erfuhr: *«Nein, wenn du 2 Millionen verdienst, dann kriegen wir, halleluja, Kronen 2002000!»* Da beschloß Pomperipossa, *auf die Straßen und Plätze hinauszugehen und Geld zusammen zu betteln, um sich eine Brechstange zu kaufen. «Zittert, ihr weisen Männer»,* dachte sie, *«und verstärkt die nächtliche Bewachung eurer Geldkästen. 5000 will ich jedenfalls haben – könnt ihr hemmungslos stehlen, dann kann ich es auch!»*

Das schlug ein wie eine Bombe. Sofort kam ein Anruf vom Ministerpräsidenten, begütigend. Drei Tage später stand im «Svenska Dagbladet» eine Antwort des Finanzministers Sträng, der «meiner geschätzten Freundin Astrid Lindgren» bestätigte, sie hätte «ein ernstes Problem» angeschnitten, sie hätte das wohl alles nicht ganz richtig verstanden, aber es «wäre auch eine Berichtigung begründet». Dann spielte er auf Astrid Lindgrens Alter an, eigentlich nur der Renten-Abgaben wegen, sagte aber im selben Atemzug: «Pomperipossa in dem hübschen Märchen ist auf Grund falscher Voraussetzungen in Zorn geraten.»

Es erfolgte spornstreichs eine *seltsame Steuersenkung, Modell Haga III*[128]. Das brachte Astrid Lindgren dazu, am 31. März im «Expressen» noch *ein paar Pomperipossa-Gedanken* zu äußern, voll Bitterkeit, weil ein Märchen eine Regierung dazu bringen kann, einen Beschluß zu ändern. Voll Bitterkeit, weil der Finanzminister ins Lügen geraten war. Dann stellte Astrid Lindgren die unangenehme Frage: *Wie konnte denn ein Pomperipossa-Märchen das zustande bringen, was alle Verzweiflungsschreie nicht vermochten? Schlußfolgerung Nr. 1: Weil sich die Wahlen in beunruhigendem Tempo näherten ... Schlußfolgerung Nr. 2: Die Kehrtwendung der Regierung gründet demzufolge nicht auf der Sorge um die Mitbürger, sie gründet einzig und allein auf dem dringenden Wunsch, auch weiterhin an den Fleischtöpfen der Macht sitzen zu bleiben ... Und das ist bitter... Oh, ihr weisen Männer, wüßtet ihr nur, was wir von euch erwarten! ... daß ihr ... redliche Diener des schwedischen Volkes seid und nicht seine allmächtigen Herren. Wir, das schwedische Volk, sind es, die euch wählen. Wir sind es aber auch, die euch stürzen, wenn wir merken, daß ihr euch im Grunde um uns und unsere Klagerufe nicht kümmert. Macht verdirbt... oh, ihr weisen Männer in Regierung und Reichstag, lehrt uns nicht dieses eine Hand wäscht die andere. Denn wißt ihr, das ist nämlich nicht mehr nötig! Wir sind bereits so erfahren im Schwindeln und Schummeln, im Mogeln und Begaunern, daß es völlig ausreicht und sogar noch etwas übrig bleibt... warum ist es vielfach schon fast eine Selbstverständlichkeit, den Staat wann immer möglich zu betrügen? ... der Finanzminister kann einen Besen darauffressen, daß jegliche Steuermoral aufhört, wenn Abgaben 100 Prozent übersteigen, ja sie hört schon bei einer bedeutend niedrigeren Schwelle auf... etwas ist faul in unserem Staate Schweden, das steht fest. Eine tiefgreifende Veränderung brauchen wir, und sie müßte bald kommen...*

Diese Veränderung kam. Die Sozialdemokraten wurden zum erstenmal nach dem Krieg nicht wieder gewählt.

Dieses Märchen für Männer der fast siebzigjährigen Autorin brachte nicht nur einen Finanzminister in die Klemme und trug zum Sturz einer Regierung bei, es machte die Leser von Astrid Lindgrens Kinderbüchern im nachhinein stutzig und ließ sie über Simplizität als Stilmittel und Lebenshaltung nachdenken. Astrid Lindgren hatte Simplizität immer geschätzt, aber nie hat sie sie so listig und gleichzeitig leidenschaftlich eingesetzt wie für ihre Pomperipossa. Ihre Wirkung, die vor allem darin lag, daß es Astrid Lindgren gelang, vollkommen konkret zu bleiben und komplizierte finanzpolitische Zusammenhänge so darzustellen, daß sie ein Kind (und das Kind in ihr, in allen Erwachsenen) verstand, machte klar, daß sie stets eine politische Kinderschriftstellerin gewesen ist. Ihr wacher Blick für die Probleme der Gesellschaft, das kleine Einmaleins der Demokratie in Bullerbü und Lönneberga, ihr früher Appell *Nie wieder Krieg! Niemals Gewalt!*, damit hatte sie gezeigt, wie man leben soll und leben kann.

Denn das war fast die stärkste Provokation: daß sich jemand überhaupt nicht um gängige Meinungen kümmert, sondern handelt, wie er es für richtig hält. Daß jemand ganz offenbar im Glück aufgewachsen ist und nun auch noch das geworden ist, was Psychologen prophezeien; ein Mensch, der inmitten der modernen Identitätskrisen, trotz Tod, Verlust, Enttäuschung und Einsamkeit heiter, ruhig und gelassen sein Leben lebt. Keinem die Schuld an dem gibt, was in diesem Leben schwer und schrecklich war und noch sein wird. Der mit Plagen und Prüfungen ganz allein fertig und trotzdem nicht bitter geworden ist. Der nichts verdrängt, sondern nur manchmal schweigt. Der über die Kraft verfügt, sich nicht vom Leben beschädigen zu lassen. Astrid Lindgren ist so, wie Menschen eigentlich sein sollten. Das ist das einzige Geheimnis ihrer Wirkung. Deshalb wird sie von Kindern und von Erwachsenen geliebt, deshalb wurde sie als Hexe gefürchtet.

Nach dieser Affäre war Astrid Lindgren endgültig eine Institution. Sie brauchte nur etwas zu sagen, brauchte nur einen offenen Brief zu schreiben, zum Beispiel an den Familienminister: *Hej, Ingver Carlsson! Hier bekommst du das Mosaiksteinchen, das ich dir versprochen habe, meine einfachen laienhaften Überlegungen zur Bevölkerungsfrage...*[129] Sie brauchte sich nur für den Landschaftsschutz zu interessieren, schon geschah etwas. Sie brauchte sich nur der schwedischen Anti-Kernkraft-Welle anzuschließen und zu sagen: *Denn wenn nun auch die Kernkraftanhänger damit rechnen, daß ein großes Reaktorunglück eintreffen kann – und das tun sie doch, wozu sonst Jodtabletten und Evakuierungspläne und Pläne für einen Kernkraftstopp in 25 Jahren?, wäre es da nicht besser*

und vernünftiger, den Kernkraftbetrieb schon vor einem möglichen Un-
glück zu stoppen, als hinterher? [130], schon nahm man das Argument
ernst.

1978 erhielt sie den Friedenspreis des Deutschen Buchhandels. Die
Hälfte der Preissumme, 10000 DM, stiftete sie für die Aktion «Das fröh-
liche Krankenzimmer» in München. Die Dankrede «Niemals Gewalt!»
faßte wie ein Programm das zusammen, was sie nicht zur Erziehung der
Kinder, sondern zum Zusammenleben der Erwachsenen und der Kinder
zu sagen hatte. Vernunft und Einsicht forderte sie von den Erwachsenen. Und Liebe, immer wieder Liebe. Niemals Gewalt.

1980 wurde Astrid Lindgren der Internationale Janusz-Korczak-Preis
für *Die Brüder Löwenherz* zugesprochen.

Seit 1980 ist Astrid Lindgren Vorsitzende der literarischen Gesellschaft Samfundet De Nio [Gesellschaft der Neun], 1913 von der Schwe-
din Lotten von Kraemer gegründet. Der Zweck: Förderung der schwedischen Literatur durch Preise und Stipendien. Die Gründerin hinterließ
der Gesellschaft Vermögen und Haus, in dem das Sekretariat untergebracht ist und immer ein Schriftsteller wohnt. Alle Mitglieder werden
auf Lebenszeit gewählt, und der Vorstand, der aus fünf Männern und
vier Frauen (oder umgekehrt) besteht, bestimmt den Vorsitzenden,
ebenfalls auf Lebenszeit. Astrid Lindgren, seit 1963 Mitglied, betrachtete es als eine große Ehre, nach dem Tod des letzten Vorsitzenden zu
seinem Nachfolger gewählt zu werden.

Im selben Jahr mußte sich Astrid Lindgren an der Galle operieren lassen, und die Reisen und Lesungen begannen ihr beschwerlich zu werden. *Jeden Tag muß ich jemandem abschreiben. Ich bekomme Anträge
von überall und könnte den Rest meines Lebens hinter dem Eisernen Vorhang verbringen! Zuerst hat es Spaß gemacht. Dann war es immer dasselbe. Jetzt ist es sehr anstrengend.* [131]

Die schwedischen Auslandsvertreter würden sie am liebsten so her-
umreichen wie die Österreicher ihre Lippizaner. Studenten aus aller Welt
schicken ihr Anfragen, die darauf hinauslaufen, daß ihnen Astrid Lindgren mehr oder weniger die ganze Diplomarbeit liefern müßte. Dazu
Lesungen, Lesungen, Lesungen. Und die Schulen, deren Lehrer ihre ge-
samten Klassen dazu veranlassen, Astrid Lindgren Briefe mit fast gleich-
lautenden Fragen zu schreiben. Das veranlaßte die Autorin, sich zu weh-
ren, nicht gegen die Kinder, sondern gegen *diese organisierte Idiotie der
Lehrer*, die die Kinder so unbedachte Fragen stellen lassen.

Hilfe! [132] schrieb sie *an Schwedens Lehrer*, sagte, wie gern sie Briefe
bekäme, wie sehr sie sich über jede spontane Reaktion freute, daß sie
aber total zusammenbräche bei Briefen, die so anfangen: *Wir bearbeiten
ein Projekt in der Schule. Unser Lehrer hat uns die Aufgabe gestellt, einen
Schriftsteller zu wählen, ihm einen Brief zu schreiben und ihm viele Fragen
zu stellen, und da habe ich dich gewählt.* Dann kommen gleich mehrere

Astrid Lindgren 1983

Seiten voller Fragen, und am Schluß steht oft: *Antworte bitte so schnell wie möglich, unsere Zeit ist ziemlich knapp.* Dann hörte sie sich *selbst stöhnen... Glaubt es oder glaubt es nicht, das ist die meine auch! Und dann fragt ihr mich, was ich in meiner Freizeit mache – welcher Freizeit? Damit habe ich keine Probleme, dann schreibe ich Briefe!* Da sie es aber traurig findet, *junge Menschen zu enttäuschen*, bittet sie die Lehrer um Hilfe, um *mich von diesem Joch und ewigen Schuldgefühlen zu befreien* und den Kindern klarzumachen, *daß es die Aufgabe eines Schriftstellers ist, in erster Linie Bücher zu schreiben und keine Briefe. Ihnen erklären, daß sie in den eigenen Werken des Schriftstellers suchen müssen, wenn sie etwas über ihn wissen wollen...*

Das nächste Werk aber hatte sie gerade in Arbeit. *Ronja Räubertochter* kam 1981 heraus, abermals ein Märchen, abermals eins, mit dem sie die Leser überraschte, weil sie sich nicht wiederholte, sondern eine ganz neue Position einnahm.

Märchen schrieb Astrid Lindgren von Anfang an und hat dabei, wie im Märchen, Probleme in Geschichten verwandelt und erlöst, und es spielt gar keine Rolle, daß in diesen Geschichten scheinbar nicht von der

Gegenwart gesprochen wird. Das *Land der Dämmerung* und das *Schönste Tal der Welt*, die *Tage der Armut* und *das Land der Ferne* gibt es überall und immer, und Kinder sind imstande zu erkennen, daß in diesen Gefilden etwas geschieht, was für die Leser wichtiger ist als das Antippen einer aktuellen Problematik. Astrid Lindgren weiß nur zu gut, daß Kindheit tatsächlich kein Kinderspiel ist, daß jedes Kind schweren inneren Konflikten ausgesetzt ist, gleichgültig, wie optimistisch und fortschrittsgläubig, wie wohlwollend oder permissiv seine Erzieher versuchen, das Böse, die leidenschaftliche Primitivität unserer Triebe, die Sexualität, den Ausbruch in Gewalt und Haß zu leugnen und zu verschweigen oder als Folge gesellschaftlicher Verhältnisse zu korrigieren. Kinder leben und denken noch in einer polarisierten Welt, und Astrid Lindgren polarisierte, weil sie wußte, daß Kinder von den guten Kräften zutiefst angerührt werden, und sie erzählte immer weiter Märchen, ohne sich davon beirren zu lassen, ob Märchen gerade pädagogisch vertretbar waren oder nicht.

Ein Märchen ist die Geschichte von *Ronja Räubertochter* auch. Sie spielt in einer historisch nicht datierbaren Zeit. Gleich in den ersten Zeilen grollt der Donner wie Thors Hammer, erfährt der Leser von Unholden, Wilddruden, Räubern, Armbrüsten, aber auch von einer Frau, die beim Gebären singt. Nichts von zarten kleinen bleichen Königsknaben, Rosenbüschen und Kirschblüten. Statt dessen dröhnendes Räuberleben in der im Gewitter in zwei Hälften geborstenen Räuberburg. Dort wächst *Ronja Räubertochter* auf, erkundet das alte Gemäuer, erkundet den Mat-

Astrid Lindgrens Hand mit Stenogrammblock

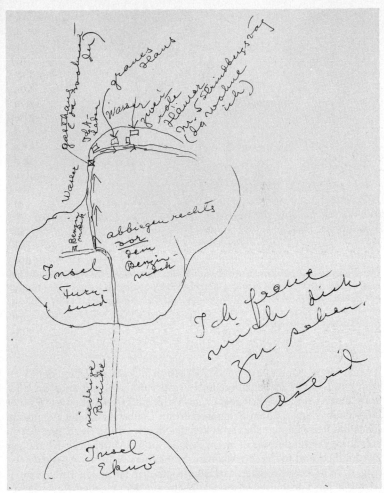

Der Plan der Insel Furusund, von Astrid Lindgren gezeichnet

tiswald mit seinen Graugnomen, Donnerdrummeln und Rumpelwichten, lernt Birk, den Sohn des gegnerischen Räuberhauptmanns kennen; Astrid Lindgren hat selbst auf das Romeo-und-Julia-Motiv hingewiesen. Die elfjährige Ronja möchte am liebsten Birks Schwester sein, aber Ronjas Vater haßt und verachtet Birks Vater. Deshalb verläßt Ronja Burg, Eltern und Räubervolk und zieht mit Birk in den Wald, über reißende Bergbäche, auf Wildpferden, die sich kaum zähmen lassen. Das ist das

133

Der Trick mit dem Höllenschlund in «Ronja Räubertochter»: ein kleines Modell des Höllenschlunds wurde dicht an die Kamera gestellt. Sehr viel weiter entfernt sprangen die Darsteller von Ronja Räubertochter und Birk auf dem Blechdach eines Atelier-Gebäudes hin und her. Das Blechdach und die Wand darunter wurden mit Hilfe eines Spiegels fortgezaubert

Thema Liebe, Kinderliebe noch, aber schon im Widerstreit mit der Liebe zum Vater, also: Emanzipation, auch: Natur und naturgemäß leben, aber vor allem: Gewaltlosigkeit gegen Gewalt, produktives Leben aus eigener Kraft statt räuberischem Schmarotzertum. Selbstverständlich steht am Ende die Versöhnung, aber es ist kein leicht erkaufter Friede, und Astrid Lindgren versteht es wie in ihrem Pomperipossa-Märchen, ganz und gar anschaulich und in der Wirklichkeit zu bleiben. Winzige Alltagsszenen zeigen, was Gewaltlosigkeit wirklich ist, nämlich auch: den Streit vermeiden, der um Lachhaftes ausbricht. Nicht auf dem eigenen Recht bestehen. Sich in die Rolle des anderen hineindenken können. Ronja ist eine Fabel vom richtigen Leben, ein Entwicklungsroman, und daß er für die Frage: «Ja, von was wollen die Räuber denn leben, wenn sie nicht rauben?» die poetische Lösung in Form eines geheimen Silberschatzes finden, stört kein Kind. Sie verstehen Astrid Lindgrens Symbole, und eines sagte, wenn die beiden einen normalen Beruf lernten, «das würde gar nicht zur Geschichte passen.»[133]

Die Namen, die Astrid Lindgren für die Personen in *Ronja Räubertochter* verwendet hat, stammen von einer Landkarte von Nordschweden und Lappland und sind Teile der Namen von Bergen und Ortschaften: Anronjaurekåtan, Peljekaise, Tarrekaisestugan, Tjeggelvas, Jutis, Labbas, Klippen und Fiosoken. Im ersten Name steckt Ronja, in den folgenden die Räuberleute.

Dieser Roman fand in der schwedischen und deutschen Kritik einhellig Zustimmung. Astrid Lindgren bekommt von einem Ausschnittsdienst seit Jahren alle Artikel und Kritiken geschickt. *Eigentlich interessiert es mich nicht.*[134] Besonders das Analysieren, *das ist Blödsinn*. Und sie zählte mit Genuß auf, welche Interpretationen Pädagogen, Psychologen und Philologen gefunden haben: Michel/Emil als Agrarkapitalist, Pippi als reaktionäre Kapitalistin, Karlsson als Auslöser des Ikaruskomplexes, der zum Verlangen, hoch zu fliegen, tief zu stürzen, zur Brandstiftung und zum Bettnässen führe. Und nach dem Erscheinen der *Ronja* schrieb jemand: «Weißt du, daß du ein religiöses Buch geschrieben hast? Zwölf Räuber, zwölf Apostel, Ronja ist Jesus, und das Gewitter hat die Burg wie den Vorhang des Tempels in zwei Hälften geteilt.» Den größten internationalen Erfolg hat *Pippi Langstrumpf*. Die Bände sind in 57 Ländern erschienen. Die anderen Titel in 26 Ländern und Sprachen (1987), wobei

Der Trick mit dem Wildwasser: Bei diesen Filmszenen von «Ronja Räubertochter» im eiskalten Wasser wechselten sich die Hauptdarsteller in Taucheranzügen unter dem Kostüm mit zwei tüchtigen Tauchern im Alter von vierzehn Jahren ab, die eine Ronja- und Birk-Perücke übergestülpt bekamen, und Froschmänner standen für den Notfall sprungbereit

Käre mr Gorbatjov,

jag vill tacka Er för att Ni har tagit
initiativet till den här fredskonferensen.
Den ger en stråle av hopp mitt i en tid av
hopplöshet. Först och främst vill jag tacka
Er för barnens skull, de som får lida mest
för vår oförmåga att hålla fred här på jorden.
   Jag fick ett brev häromdagen från en liten
svensk pojke. Han kunde nätt och jämnt skriva,
och det var inget långt brev. Där stod bara
med kantiga tryckbokstäver: "Jag är rädd för
krig. Är du det?"
   Vad skulle jag svara? Jag ville ju vara ärlig
och jag skrev: "Ja, jag är också rädd. Det är
alla människor."
   Men jag ville ändå försöka trösta honom lite.
Jag gjorde ett tillägg som jag hoppades skulle
vara sant. Jag skrev: "Men vet du, det finns
så många, många, många människor i alla länder
på jorden som vill att det ska vara fred. Som
vill att det ska vara slut på alla krig. Och
du ska få se, att till sist blir det så också.
Människorna får vad de längtar efter allra mest
- fred på jorden."
   Käre herr Gorbatjov, jag tror Ni gör vad
Ni kan för att våra barn ska slippa leva i
en ständig fruktan för krig. Och jag hoppas
att den här fredskonferensen ska bli ett steg
på en lång svår väg mot den efterlängtade
freden.

Astrid Lindgren

1987: Astrid Lindgrens Brief an Michail Gorbatschow – ein Friedensappell

die *Michel-*, *Bullerbü-* und *Karlsson*-Geschichten, *Die Brüder Löwen-herz*, *Rasmus und der Landstreicher* und *Ronja Räubertochter* an der Spitze stehen.

Die Auflage in der UdSSR kann nur geschätzt werden. Allein von *Karlsson auf dem Dach* sind 3,5 Millionen Stück gedruckt worden.

Hat sie, die immer wieder versuchte, mit ihren Geschichten Kindern den Gedanken an den Tod vertraut zu machen, Angst vor dem Sterben? 1983 verunglückte sie mit ihrem Sohn, auf der Fahrt in eine Bücherei in Südschweden. Es war kurz vor Weihnachten, die Straße vereist, *und als ich die Felswand auf mich zukommen sah, dachte ich: Aha, das ist es also.* Das Auto war ein Blechhaufen, Lars blieb unverletzt, Astrid Lindgren trug fünf Rippenbrüche, zwei Wirbelbrüche und ein geborstenes Brustbein davon. Aber sie lachte, als sie ein Jahr später davon erzählte, *ich bin*

Michail Gorbatschow

Уважаемая госпожа Астрид Линдгрен!

Глубоко признателен Вам за Ваше письмо. Ваши книги читают миллионы советских детей. Эти книги учат доброте, отзывчивости, и таким образом они участвуют в воспитании юного поколения и нашей страны.

Именно за такой безопасный и надежный мир мы намерены настойчиво бороться вместе со всеми на нашей уникальной планете.

Желаю Вам, госпожа Линдгрен, крепкого здоровья, новых успехов в Вашей творческой деятельности, служащей интересам мира и прогресса.

Благодарю за присланную книжку

М. Горбачев

Aus Gorbatschows Antwort an Astrid Lindgren – ein Friedensversprechen
(Übersetzung des Briefwechsels Lindgren / Gorbatschow S. 146)

stockgesund, das hat der Arzt bestätigt. *In seinem Bericht stand: hat fünf Kilogramm abgenommen, aber trainiert energisch.* Trotzdem: *Plötzlich hat man einen Unfall, und danach sieht man alles anders. Man hat das Gefühl: ich bin uralt, und plötzlich ist alles aus. Aber Angst, nein, ich habe keine Angst.*

Ist sie religiös? *Ich weiß es eigentlich nicht. Wenn ich in einer großen Schreibarbeit stecke, so sage ich: Bitte, lieber Gott!, aber dazwischen hab ich nichts mit ihm zu schaffen. Es gibt sicher eine übersinnliche Welt, über die man nicht viel weiß. Ich bin Agnostiker. Man muß abwarten. Die Kirchen aber – darüber lächelt Gott jeden Tag.*

Und der Ruhm? Der Umgang mit Ministern, Königen und anderen Berühmtheiten? *Das ist mir ganz egal. Für mich ist das kein Unterschied, ob es eine Königin ist oder eine Putzfrau. Ich kann nicht danach gehen, was die Leute sind. Ich sehe sie als die Kinder, die sie waren. Ich bin Astrid aus Småland, eine Bauerntochter von Anfang bis Ende. Das andere ist eine ganz andere Person. Das ist auch der Grund, warum ich andere Leute als nichts Besonderes empfinde.*

Diese Kraft brauchte sie auch. Seit Gunnars Tod lebte Gunhild, seine Witwe, allein mit Töchtern und deren Familie im sogenannten neuen Haus in Näs. Sie wurde nun krank, aber *es war immer jemand bei ihr, in der letzten Woche vor ihrem Tod Tag und Nacht.* Sie starb im Juni 1984.

Jetzt ist es nicht mehr so leicht, an Näs zu denken und dorthin zu fahren. Das Haus ist leer. Und ich stehe in dem Wald, der jetzt geschlagen wird. Aber manche Bäume stehen länger als die anderen.

1986 starb nach schwerer Krankheit Lars, ihr Sohn.

Sechs Jahre davor hatte Astrid Lindgren den Proustschen Fragebogen ausgefüllt.[135] Ihr Motto? *Viele. Unter anderem: Glück und Unglück, beides trag in Ruh. Alles geht vorüber und auch du.* Ihre Vorstellung vom irdischen Glück? *So etwas gibt es nicht.* Wo möchten Sie leben? *In Schweden in einem roten Haus an der Ostsee.*

Anmerkungen

Aus den Werken von Astrid Lindgren wird zitiert nach den Ausgaben des Oetinger Verlags, Hamburg. Ihre Reden und Aufsätze, die im Verlags-Almanach erschienen sind, wurden von der Verlagsredaktion übersetzt, auch die Artikel und Kritiken, die in schwedischen Zeitungen und Zeitschriften erschienen sind. Astrid Lindgrens Tagebücher und Briefe, nach Strömstedt zitiert, übersetzte Angelika Kutsch. Folgende Kürzel werden verwendet:

Gespräch   Protokoll eines Gesprächs, das die Verfasserin im Juni 1984 mit Astrid Lindgren in Schweden, Furusund, geführt hat

Almanach   Gebt uns Bücher, gebt uns Flügel; Almanach des Oetinger Verlags, Hamburg, s. Bibliographie

Land   Astrid Lindgren: Das entschwundene Land. Hamburg 1977

Kalle   Astrid Lindgren: Kalle Blomquist lebt gefährlich. Hamburg 1969

Britt   Astrid Lindgren: Britt-Mari erleichtert ihr Herz. Hamburg 1960

Strömstedt   Margareta Strömstedt: Astrid Lindgren. Stockholm 1977

Leben   Astrid Lindgren: Meine Lebensgeschichte. Manuskript o. J.

1 Land 65, 9–11
2 Gespräch
3 Leben
4 Land 64
5 Leben
6 Land 19, 29, 26, 32
7 Gespräch
8 Land 34
9 Gespräch
10 Land 33
11 Kalle 163
12 A. L.: Mio, mein Mio (1955) 27
13 Gespräch
14 Land 33, 34, 35
15 Gespräch
16 A. L.: Märchen (1978) 271, 259
17 Gespräch
18 Ebd.
19 A. L.: Sammelaugust und andere Kinder (1952) 10
20 Gespräch
21 Land 57, 59, 60, 45
22 Gespräch
23 Land 69
24 Gespräch
25 A. L.: Kerstin und ich (1953) 15
26 A. L.: Immer dieser Michel (1972) 88
27 Land 47
28 Märchen 273
29 Gespräch
30 Land 51, 62, 63
31 Gespräch
32 Kerstin und ich 5
33 Almanach 5; 47
34 Kalle 123, 129
35 Leben
36 Land 44
37 Gespräch
38 WDR Interview 7. Juli 1966
39 Gespräch
40 Land 35, 36
41 Leben
42 Land 70, 71
43 Britt 67, 77
44 Land 64
45 Gespräch
46 Britt 32

47 WDR Interview
48 Gespräch
49 Kalle 181
50 Britt 50
51 WDR Interview
52 Strömstedt 20
53 Gespräch
54 Ebd.
55 Strömstedt 213, 214
56 Gespräch
57 Strömstedt 209, 210, 211
58 WDR Interview
59 Gespräch
60 Leben
61 Gespräch
62 WDR Interview
63 Britt 133
64 Gespräch
65 Ebd.
66 Strömstedt 228
67 Ebd., 229, 230, 231
68 Gespräch
69 Strömstedt 234
70 Leben
71 Strömstedt 233, 235, 237
72 Leben
73 Brief, April 1944
74 Leben
75 Almanach 5; 131
76 Britt 5
77 Gespräch
78 A. L.: Über die Entstehung von Pippi Langstrumpf. o. J.
79 Leben
80 «Husmodern» 11/1948
81 «Vänkritik» Stockholm (1959) 240f
82 Almanach 10; 102
83 Gespräch
84 Land 89
85 Strömstedt 267
86 Almanach 15; 7, 8
87 Ebd., 9; 22
88 Gespräch
89 Almanach 5; 61
90 Britt 15
91 Gespräch
92 Almanach 10; 40
93 Strömstedt 292
94 Britt 21
95 Gespräch
96 Almanach 10; 39
97 Mio, mein Mio 10
98 Gespräch
99 «Vänkritik» 240ff
100 Gespräch
101 Almanach 10; 37
102 Bruno Bettelheim: Kinder brauchen Märchen (1977), 10
103 Der Rundbrief. Berlin (o. J.), 5–8
104 Gespräch
105 Almanach 1; 118
106 «Vänkritik» 240f
107 Erich Kästner: Gesammelte Schriften 8 (1969) 309f
108 Land 37
109 Gespräch
110 Almanach 10; 37, 38
111 Gespräch
112 Land 38
113 Deutsches Fernsehen ARD 41/1980
114 Gespräch
115 Ebd.
116 «Dagens Nyheter» 24. Dezember 1973
117 «Die Zeit» 13/1974
118 Land 103
119 Michael Salzer: Für Kinder schreiben. Westermanns Monatshefte 11/1973
120 Gespräch
121 Ebd.
122 Jugendbuchinstitut Zürich, November 1984
123 Kind und Buch. Wien 1976
124 «Wiener Kurier» 16. März 1976
125 «Die Welt» 23. September 1978
126 Gespräch
127 Britt 114
128 «Expressen» 31. März 1978
129 Brief o. J.
130 «Frankfurter Rundschau» 3. März 1980
131 Gespräch
132 Brief o. J.
133 Almanach 20; 70
134 Gespräch
135 «Frankfurter Allgemeine Zeitung» 25/1980

Zeittafel

Langstrumpf und den geteilten Ersten Preis im Wettbewerb des Verlages Rabén & Sjögren für *Meisterdetektiv Blomquist* in der Kategorie Jugend-krimis.

1947 reiste Astrid Lindgren das erste Mal nach England,

1948 in die USA.

1949 reiste der Hamburger Verleger Friedrich Oetinger nach Stockholm, lernte Astrid Lindgren kennen und erbat sich die Option auf die Übersetzung von *Pippi Langstrumpf*.

1950 wurde am 27. Oktober Astrid Lindgrens erster Enkel Mats (Sohn von Lars) geboren und kam das Ehepaar Lindgren zum erstenmal nach Hamburg und besuchte den Oetinger Verlag im Pressehaus. Für *Im Wald sind keine Räuber* erhielt Astrid Lindgren die Nils-Holgersson-Plakette.

1952 starb Sture Lindgren.

1953 wurde Astrid Lindgren zur ersten offiziellen Lesereise nach Deutschland eingeladen. Die Stationen: Hamburg, Bremen, Berlin. In Stockholm wurde Pippi Langstrumpf am «Tag des Kindes» zur Schutzpatronin ge-wählt.

1956 erhielt sie den Sonderpreis des Deutschen Jugendbuchpreises für *Mio, mein Mio*,

1957 das schwedische Staatsstipendium für große literarische Verdienste und

1958 den Internationalen Jugendbuchpreis, die Hans-Christian-Andersen-Me-daille, für *Rasmus und der Landstreicher*.

1959 erhielt sie die Children's Spring Book Festival Award, vom New Yorker «Herald Tribune» gestiftet, für *Sia wohnt am Kilimandscharo*.

1961 starb Astrid Lindgrens Mutter, Hanna Ericsson.

1963 wurde Astrid Lindgren als Nummer 8 in das Samfundet De Nio gewählt.

1965 kaufte Astrid Lindgren das rote Haus in Näs, nachdem ihr Bruder Gunnar mit der Landwirtschaft aufgehört und alle Tiere verkauft hatte. Sie erhielt den Schwedischen Staatspreis für Literatur für ihr Gesamtwerk.

1966 wurde in Berlin-Spandau die erste Schule in Deutschland nach Astrid Lindgren benannt.

1967 stifteten, um ihre Autorin zu ehren, die Verlage Rabén & Sjögren und Friedrich Oetinger den Astrid-Lindgren-Preis, der am 14. November zum erstenmal verliehen wurde. In diesem Jahr reiste Astrid Lindgren das erste Mal in die UdSSR.

1969 starb Astrid Lindgrens Vater Samuel August Ericsson. Und es wurde TRE LINDGREN AB gegründet.

1970 wurden Astrid Lindgren und ihr schwedischer Verleger Hans Rabén pen-sioniert, feierten am 28. Mai in Djurgarden ein Abschiedsfest mit allen Au-toren und Grafikern. Wurde *Emil i Lönneberga* in Schweden zum «Buch des Jahres» gewählt und erhielt Astrid Lindgren den Heffaklumpen der schwedischen Zeitung «Expressen» für *Michel bringt die Welt in Ordnung*, den Ehrenpreis Das Goldene Schiff der schwedischen Gesellschaft für Lite-raturförderung für das Gesamtwerk und den Lewis Carroll Shelf Award für *Tomte Tummetott*.

1971 erhielt Astrid Lindgren die Große Goldmedaille der Schwedischen Akade-mie für Literatur und den Iranischen Bilderbuchpreis für *Pippi Lang-strumpf*.

1973 wurde Astrid Lindgren Dr. phil. honoris causa der Universität Linköping, erhielt The Brooklyn Art Books for Children Citations für *Tomte Tummetott*, den Lewis Carroll Shelf Award für *Pippi Langstrumpf* und den Silbernen Griffel für *Lotta aus der Krachmacherstraße*.

1974 starb Astrid Lindgrens Bruder Gunnar, Pächter von Näs in dritter Generation, erhielt Astrid Lindgren die Medaille des Schwedischen Buchhandels für *Die Brüder Löwenherz* und die sowjetische Auszeichnung «Medaille des Lächelns».

1975 erhielt Astrid Lindgren die königlich schwedische Medaille für Literatur und Kunst, Litteris et Artibus, und den Silbernen Griffel für *Die Brüder Löwenherz*.

1978 erhielt sie als erster Kinderbuchautor den Friedenspreis des Deutschen Buchhandels und stiftete die Hälfte der Preissumme für deutsche, die andere Hälfte für schwedische Kinder. Im selben Jahr erhielt sie den Ehrendoktor der University of Leicester, den Premio Baccalerio für *Die Brüder Löwenherz* und den International Writer's Prize Award des Welsh Art Council in Cardiff.

1979 erhielt sie den Wilhelm-Hauff-Preis und den Internationalen Janusz-Korczak-Preis für *Die Brüder Löwenherz*.

1980 wurde Astrid Lindgren Vorsitzende von Samfundet De Nio und kam der Pippi-Langstrumpf-Film in Stockholm auf den Index. Der schwedische Kinderfilm-Rat befand, es gäbe darin Szenen, durch die «Kinder die falsche Weltanschauung bekommen könnten», und riet vergeblich vom Besuch des Films ab.

1983 wurde am 21. Juni das erste Urenkelkind Matilda geboren (Tochter von Mats) und hatte Astrid Lindgren im Winter einen schweren Autounfall.

1984 wurde am 26. Juli in Kiel/Mettenhof die erste Straße in Deutschland nach Astrid Lindgren benannt. Im selben Jahr starb Astrid Lindgrens Schwägerin Gunhild.

1985 war Astrid Lindgren mit über zwei Millionen jährlichen Ausleihen der schwedischen Volksbücherei die am meisten gelesene schwedische Autorin überhaupt. In diesem Jahr erhielt sie an Auszeichnungen: die Karen-Blixen-Medaille der dänischen Akademie, den Jovan-Jovanovic-Zmaj-Kinderbuchpreis, Jugoslawien, Illis Quorum der schwedischen Regierung, John-Hanson-Award, USA, und wurde vom schwedischen Bauernverband zur Ehrenlandwirtin ernannt.

1986 starben Astrid Lindgrens Sohn Lars und Astrid Lindgrens deutscher Verleger Friedrich Oetinger. Sie wird am 23. November in Los Angeles vom schwedisch-amerikanischen Council zur «Swede of the Year» gewählt. Sie erhielt den Selma-Lagerlöf-Preis, der zum erstenmal an eine Kinderschriftstellerin vergeben wurde, und den dänischen Lego-Preis, der ihr und einem Italiener zugesprochen wurde. Astrid Lindgren gründete mit ihrem Preisgeld, 375 000 dänische Kronen, die Stiftung «Solkatten» [Sonnenkatzen] für behinderte Kinder.

1987 wurde Astrid Lindgren die Gold-Medaille des Schwedischen Tierschutzvereins und als erster Autorin der Leo-Tolstoi-Preis verliehen, und gab es in Deutschland 36 Astrid-Lindgren-Schulen.

Zeugnisse

Liebe Frau Lindgren, Sie haben da zweifellos ein köstliches Wesen in die Welt gesetzt, und mit einem Funken Neid – er ist aber nur wie ein etwas schwereres Atemholen – bedaure ich, daß es nicht mein Kind ist. Es wird uns alle beide lange, lange überleben.

Lisa Tetzner, 1953

Pippi setzt sich durch! Dieses Kinderbuch, das so viel erwachsenen Unverstand und ausgewachsene Verstocktheit ans Tageslicht gebracht hat, ist ein Mädchenbuch, das eine fühlbare Lücke füllt... die trivialmoralisierende Mädchenliteratur lügt von der ersten Zeile an, sie legt ein Fundament der kandierten Lüge, im Stil wie in der Handlung...

Eugen Skasa-Weiß in «Münchener Abendzeitung», 4. April 1953

Aber was heißt es hierzulande schon, eine hervorragende Kinderbuchautorin zu sein? Denken wir doch einmal an die erfolgreichsten unserer eigenen Jugendschriftsteller... Sie alle werden von Kindern und Heranwachsenden begeistert gelesen. Doch ihre Namen sind bestenfalls den Eltern dieser jungen Leute und den Jugendschriftlern von Beruf bekannt. Für die Nation insgesamt aber bedeuten sie wenig oder gar nichts. Astrid Lindgren aber ist eine nationale Institution.

Arianna Giachi in «Frankfurter Allgemeine Zeitung», 15. November 1977

Eine Figur tritt auf die Kinderbühne mit einem Eklat, einem Knall, einer Explosion der Phantasie. Sie benimmt sich antilogisch, antipädagogisch, unvernünftig, sie stellt die Welt auf den Kopf, wie es Alice im Wunderland tat.

Geno Hartlaub in «Sonntagsblatt», 25. Dezember 1977

Astrid Lindgren hat drei Jahrzehnte lang die Macht einer utopischen Phantasie demonstriert, einer durchaus verbindlichen Phantasie, die immer Antwort auf wirkliche, kindliche Nöte war... Daß sie sich nun, siebzigjährig, nach 33 Jahren des Schreibens mit «Trösten» bescheidet, darf man nicht ihr anlasten, sondern den Zuständen, in denen Kinder leben müssen und unter denen sie leiden.

Christine Nöstlinger in «Die Zeit», 20. Oktober 1978

Man hat Astrid Lindgren (ebenso wie anderen großen Kinderbuchautoren) vorgeworfen, ihre Bücher schilderten und verklärten eine heile Welt... gehört es nicht auch zur Wahrheit, daß wir in einer unheilen Welt nicht vergessen, ja nicht vergessen dürfen, daß es eine heile Welt geben könnte und daß wir deshalb weniger

Unheil ertragen und wohl auch anrichten sollen? Daß wir in einer friedlosen Welt nicht vergessen, ja nicht vergessen dürfen, daß wir eine Welt des Friedens wollen? Woher sollten wir sonst den Mut nehmen, nicht zu resignieren, uns nicht zu bescheiden und «so ist es und so bleibt es» zu sagen? Wir ehren heute Astrid Lindgren, weil sie das Ihre dazu beigetragen hat, diesen Mut bei den Kindern und vielleicht bei manchen von uns zu wecken und zu stärken...

Gerold Ummo Becker, Festrede zur Verleihung des Friedenspreises des Deutschen Buchhandels in der Paulskirche in Frankfurt, 22. Oktober 1978

Aus der Astrid Lindgren, die nach dem Zweiten Weltkrieg Optimismus verbreitete, ist eine Schriftstellerin geworden, die einer desolaten Welt einen Appell an die Brüderlichkeit, Freiheitsbewahrung, Nächstenliebe und Hilfsbereitschaft angesichts des für sie immer wiederkehrenden Bösen entgegensetzt. *Die Brüder Löwenherz* sind ein Buch der Verteidigung menschlicher Werte, ein Buch auch des Rückzugs in einen seelischen Innenraum, wo das Gerangel um den täglichen Kram, das Fortkommen des Einzelnen, aber auch der Fortschritt in der menschlichen Gesellschaft nicht zur Debatte stehen.

Klaus Doderer: «Von der Solidarität der guten Menschen in der desolaten Welt». 1978

Die Alte wird bald 74. Ich weiß zwar nicht, ob Grausamkeit ein Alterssymptom ist, aber Tatsache ist, daß diese Schilderung in ihrer fesselnden Brillanz roh und grausam ist.

Stig Engzell zu «Ronja Räubertochter» in «Skånska Dagbladet», 9. Oktober 1981

In gewisser Weise kann *Ronja Räubertochter* als feministisches Märchen bezeichnet werden.

Lena Kåreland in «Upsala Nya Tidning», 8. Oktober 1981

A. L. erzählt, daß die Figuren ihrer Bücher ihr erscheinen, plötzlich da sind. Sie sieht und hört sie so deutlich wie im Kino... Wenn A. L. über diesen Schöpfungsprozeß in sich erzählt, überkommt einen das Gefühl, sie sei im gleichen Maße eine Gefangene und Deuterin ihrer Phantasie...

Eva Backelin in «Västgöta-Bladet», 12. Oktober 1981

«Muß es denn unbedingt mit Blutvergießen geschehen, müssen denn alle umkommen, eh ihr zufrieden seid?» fragt Ronja, «gibt es denn keinen anderen Weg?» Heute, im Mai 1982, wo ein absurder Krieg um eine wertlose Insel bevorsteht, lesen wir das mit Resignation. Aber Schriftsteller diskutieren in ihren Büchern nicht die politischen Möglichkeiten, sondern erzählen Geschichten. Und in dieser Geschichte kommt in die von Gewalt beherrschte Männerwelt durch die Frauen, durch Lovis und Ronja, ein neuer pazifistischer Geist in die geschichtliche Bahn. Aus der Mitte eines Rudels sentimentaler Raubtiere erblüht das Menschenwunder Ronja, das durch ihre Liebe Birk auf die Seite der Humanität zieht.

Martin Selge zu «Ronja Räubertochter», 1982

Ronja, das Naturkind aus dem Wald, ist die Tochter ihres Vaters – es ist etwas Besonderes um ihre Beziehung. Der wilde Räuberhauptmann... bestimmt, wann sie zum ersten Mal allein in den Wald darf, er warnt sie vor den Gefahren, er führt sie in die Welt ein. Seine Frau Lovis sitzt abends am Bett und singt Ronja in den Schlaf. Sie kocht, sie hütet die Vorräte, sie versorgt die Schafe und Hühner, sie wärmt das Wasser, sie heilt mit Kräutern – das weibliche Andere unter zwölf Räubern... Ich frage Jana, ob es denn frauenfreundlich sei, das Buch von Ronja. Sie überlegt es, wir diskutieren es. Die Tochter beharrt darauf: «Es ist menschenfreundlich.» Ronja ist stark, ihr Freund ist auch stark, und sie wollen keine Räuber werden. Es ist frauenfeindlich, dabei bleibe ich. Die kleine Frau überzeugen meine Gründe nicht, ganz unwichtig bin ich in dem Moment.

Verena Maeffert-Hoffmann in «Emma», 2/1983

Astrid Lindgren besaß den erzählerischen Schlüssel zur Darstellung des zerstörerischen Machtprinzips im Kinderbuch. Die deutsche Kinderliteratur fand ihn damals noch nicht.

Birgit Dankert in «Zwischen Restauration und Avantgarde», 1986

Astrid Lindgrens Brief an Michail Gorbatschow

Lieber Herr Gorbatschow,
ich möchte Ihnen dafür danken, daß Sie die Initiative zu dieser Friedenskonferenz ergriffen haben. In einer Zeit der Hoffnungslosigkeit sendet sie uns einen Hoffnungsstrahl. Vor allem danke ich Ihnen der Kinder wegen, sie sind es ja, die unter unserer Unfähigkeit, hier auf Erden Frieden zu bewahren, am meisten zu leiden haben.

Vor kurzem bekam ich einen Brief von einem kleinen schwedischen Jungen. Er konnte kaum schreiben, und es war kein langer Brief. Darin stand nur mit eckigen Druckbuchstaben: «Ich habe Angst vor dem Krieg. Du auch?»

Was sollte ich darauf antworten? Ich wollte ja ehrlich sein, und darum schrieb ich ihm: «Ja, ich habe auch Angst. Alle Menschen haben Angst.»

Aber ich wollte ihn ja doch ein wenig trösten, und so fügte ich noch etwas hinzu, das hoffentlich wahr ist.

Ich schrieb: «Aber weißt du, es gibt so viele, viele, viele Menschen in allen Ländern der Erde, die den Frieden möchten, die wollen, daß mit allen Kriegen ein für allemal Schluß ist. Und du wirst sehen, so kommt es schließlich auch. Die Menschen kriegen das, wonach sie sich am meisten sehnen – Frieden auf Erden.»

Lieber Herr Gorbatschow, ich glaube, Sie tun, was Sie können, damit unsere Kinder nicht in ständiger Furcht vor dem Krieg leben. Und ich hoffe, daß diese Friedenskonferenz ein Schritt auf dem langen, schweren Weg zum ersehnten Frieden ist.

Astrid Lindgren

Michail Gorbatschows Antwort

Sehr geehrte Frau Astrid Lindgren!

Ich bin Ihnen für Ihren Brief tief dankbar. Millionen sowjetischer Kinder lesen Ihre Bücher. Diese Bücher lehren Güte und Mitgefühl und tragen dadurch zu der Erziehung der jungen Generation auch in unserem Land bei.

In Ihrem Brief bezeichnen Sie das Moskauforum als «einen Hoffnungsstrahl». Auch wir messen diesem Ereignis große Bedeutung bei. Die Unruhe über die Zukunft der Menschheit versammelte in Moskau Menschen, von denen viele nicht nur in den eigenen Ländern, sondern in der ganzen Welt wohlbekannt sind.

Wissenschaftler, Schriftsteller, Politiker, Geschäftsleute, Ärzte, Vertreter verschiedener Kulturbereiche und der Kirchen trugen ihre Ansichten zum Hauptproblem der Gegenwart vor. Es gab viele unterschiedliche Auffassungen und Beurteilungen, auch viele Streitpunkte. Doch in einem Gedanken waren sich alle Teilnehmer einig: für das Überleben der Zivilisation muß die Strategie der Abschreckung durch Kernwaffen durch eine Strategie des Vertrauens und der Stärkung des Friedens ersetzt werden, und dies sollte ohne Aufschub geschehen.

An den Frieden denken heißt an die Kinder denken. Niemand hat das Recht, auf internationaler Ebene so zu handeln, daß die Kinder, wo sie auch leben, der Zukunft beraubt und Opfer der unbedachten Politik der Erwachsenen werden. Ich möchte Ihnen und Ihrem kleinen Landsmann, der Ihnen die Frage über den Krieg gestellt hat, versichern: Wir in der Sowjetunion werden alles tun, was in unseren Kräften steht, um eine weltweite Katastrophe zu verhindern, damit diejenigen, die heute ihre ersten selbständigen Schritte ins Leben tun, am Ende des Jahrhunderts die Schwelle überschritten haben, mit der sie die Bedrohung durch Kernwaffen für ewig hinter sich gelassen haben. Für so eine sichere Welt wollen wir gemeinsam mit allen auf unserem einzigartigen Planeten unverdrossen kämpfen.

Ich wünsche Ihnen, Frau Lindgren, gute Gesundheit und neue Erfolge in Ihrer schöpferischen Tätigkeit, die den Interessen des Friedens und des Fortschritts dient.

Mit Dank für das überreichte Buch.

M. Gorbatschow

Aus dem Schwedischen von Anna-Liese Kornitzky

Bibliographie

1. Bibliographie, Hilfsmittel

a) Bibliographie der Werke in: Oetinger Almanach, Hamburg
Bücher von Astrid Lindgren 2/1964, 5/1967, 10/1972
Bibliographie des Werkes von Astrid Lindgren 15/1977; wird fortgesetzt
b) Auflistung der Auszeichnungen und Preise in: Oetinger Almanach, Hamburg
Auszeichnungen und Preise 16/1978
Zu Astrid Lindgren, Auszeichnungen und Preise 20/1982 in: Oetinger Lesebuch, Hamburg
Auszeichnungen unserer Autoren 21/1984
Neue Auszeichnungen unserer Autoren 22/1985, 23/1986; wird fortgesetzt
c) auch Sekundärliteratur in:
DODERER, KLAUS (Hg.): Lexikon der Kinder- und Jugendliteratur, Weinheim 1975; enthält auch Beiträge über Nationalliteraturen und Literaturgattungen
ÖRVIG, MARY (Hg.): En bok om Astrid Lindgren, Stockholm 1975 und 1987; enthält neben Aufsätzen auch eine Bibliographie aller bis dahin erschienenen Ausgaben der Werke Astrid Lindgrens im In- und Ausland, zusammengestellt von LENA TÖRNQVIST
WEGEHAUPT, HEINZ: Neue Bücher und Aufsätze zur Kinder- und Jugendliteratur, in: Beiträge zur Kinder- und Jugendliteratur, Der Kinderbuchverlag, Berlin; laufende Berichterstattung.
WOLFF, RUDOLF (Hg.): Astrid Lindgren. Rezeption in der Bundesrepublik Deutschland, Bonn 1986; enthält auch: Bibliographie der Werke, übernommen aus Oetinger Almanach und Oetinger Lesebuch, Hamburg (s. o.)
d) Forschungsberichte und wissenschaftliche Arbeiten findet man in folgenden Instituten:
Svenska Barnbokinstitutet (Schwedisches Institut für Kinderliteratur), Stockholm
Institut für Jugendbuchforschung, Frankfurt am Main
Internationale Jugendbibliothek, München

2. Sammelausgaben in Schweden und Deutschland

Boken om Pippi Långstrump. Illustrationen: INGRID VANG NYMAN. Stockholm 1952
Pippi Langstrumpf. Aus dem Schwedischen übersetzt von CÄCILIE HEINIG. Illustrationen: ROLF RETTICH. Hamburg 1967
Bullerbyboken. Illustrationen: ILON WIKLAND. Stockholm 1961
Die Kinder aus Bullerbü. Aus dem Schwedischen übersetzt von ELSE V. HOLLANDER-LOSSOW und KARL KURT PETERS. Illustrationen ILON WIKLAND. Hamburg 1970

Kalle Blomquist. Aus dem Schwedischen übersetzt von CÄCILIE HEINIG und KARL KURT PETERS. Illustrationen: VOLKER HEYDORN. Hamburg 1969
Allt om Karlsson på taket. Illustrationen: ILON WIKLAND. Stockholm 1972
Karlsson vom Dach. Aus dem Schwedischen übersetzt von THYRA DOHRENBURG. Illustrationen: ILON WIKLAND. Hamburg 1975
Immer dieser Michel. Aus dem Schwedischen übersetzt von KARL KURT PETERS. Illustrationen: BJÖRN BERG. Hamburg 1972

3. Deutsche Ausgaben der Werke in Buchform

Pippi Langstrumpf. Aus dem Schwedischen übersetzt von CÄCILIE HEINIG. Illustration: WALTER SCHARNWEBER. Hamburg 1949
Pippi Langstrumpf geht an Bord. Aus dem Schwedischen übersetzt von CÄCILIE HEINIG. Illustration: WALTER SCHARNWEBER. Hamburg 1950
Meisterdetektiv Blomquist. Aus dem Schwedischen übersetzt von CÄCILIE HEINIG. Hamburg 1950
Pippi in Taka-Tuka-Land. Aus dem Schwedischen übersetzt von CÄCILIE HEINIG. Illustration: WALTER SCHARNWEBER. Hamburg 1951
Kalle Blomquist lebt gefährlich. Aus dem Schwedischen übersetzt von KARL KURT PETERS. Hamburg 1951
Im Wald sind keine Räuber. Aus dem Schwedischen übersetzt von KARL KURT PETERS. Illustration: EVA BILLOW. Hamburg 1952
Sammelaugust und andere Kinder. Aus dem Schwedischen übersetzt von KARL KURT PETERS. Illustration: INGRID VANG NYMAN. Hamburg 1952
Kati in Amerika. Aus dem Schwedischen übersetzt von ELSE V. HOLLANDER-LOSSOW. Hamburg 1952
Kati in Italien. Aus dem Schwedischen übersetzt von ELSE V. HOLLANDER-LOSSOW. Hamburg 1953
Kerstin und ich. Aus dem Schwedischen übersetzt von ELSE V. HOLLANDER-LOSSOW. Hamburg 1953
Kati in Paris. Aus dem Schwedischen übersetzt von ELSE V. HOLLANDER-LOSSOW. Hamburg 1954
Wir Kinder aus Bullerbü. Aus dem Schwedischen übersetzt von ELSE V. HOLLANDER-LOSSOW. Illustrationen: ILON WIKLAND. Hamburg 1954
Kalle Blomquist, Eva-Lotte und Rasmus. Aus dem Schwedischen übersetzt von KARL KURT PETERS. Hamburg 1954
Britt-Mari erleichtert ihr Herz. Aus dem Schwedischen übersetzt von ELSE V. HOLLANDER-LOSSOW. Hamburg 1954
Mehr von uns Kindern aus Bullerbü. Aus dem Schwedischen übersetzt von KARL KURT PETERS. Hamburg 1955
Mio, mein Mio. Aus dem Schwedischen übersetzt von KARL KURT PETERS. Illustrationen: ILON WIKLAND. Hamburg 1955
Immer lustig in Bullerbü. Aus dem Schwedischen übersetzt von KARL KURT PETERS. Illustrationen: ILON WIKLAND. Hamburg 1956
Karlsson vom Dach. Aus dem Schwedischen übersetzt von THYRA DOHRENBURG. Illustrationen: ILON WIKLAND. Hamburg 1956
Die Kinder aus der Krachmacherstraße. Aus dem Schwedischen übersetzt von THYRA DOHRENBURG. Illustrationen: ILON WIKLAND, Hamburg 1957
Rasmus und der Landstreicher. Aus dem Schwedischen übersetzt von THYRA DOHRENBURG. Illustrationen: HORST LEMKE. Hamburg 1957
Rasmus, Pontus und der Schwertschlucker. Aus dem Schwedischen übersetzt von THYRA DOHRENBURG. Illustrationen: HORST LEMKE. Hamburg 1958

Klingt meine Linde. Aus dem Schwedischen übersetzt von ANNA-LIESE KOR-NITZKY. Illustrationen: ILON WIKLAND. Hamburg 1960

Madita. Aus dem Schwedischen übersetzt von ANNA-LIESE KORNITZKY. Illustrationen: ILON WIKLAND. Hamburg 1961

Lotta zieht um. Aus dem Schwedischen übersetzt von THYRA DOHRENBURG. Illustrationen: ILON WIKLAND. Hamburg 1962

Karlsson fliegt wieder. Aus dem Schwedischen übersetzt von THYRA DOHREN-BURG. Illustrationen: ILON WIKLAND. Hamburg 1963

Michel in der Suppenschüssel. Aus dem Schwedischen übersetzt von KARL KURT PETERS. Illustrationen: ROLF RETTICH. Hamburg 1964

Ferien auf Saltkrokan. Aus dem Schwedischen übersetzt von THYRA DOHREN-BURG. Hamburg 1965

Michel muß mehr Männchen machen. Aus dem Schwedischen übersetzt von KARL KURT PETERS. Illustrationen: ROLF RETTICH. Hamburg 1966

Michel bringt die Welt in Ordnung. Aus dem Schwedischen übersetzt von KARL KURT PETERS. Illustrationen: ROLF RETTICH. Hamburg 1970

Die Brüder Löwenherz. Aus dem Schwedischen übersetzt von ANNA-LIESE KOR-NITZKY. Illustrationen: ILON WIKLAND. Hamburg 1974

Madita und Pims. Aus dem Schwedischen übersetzt von ANNA-LIESE KORNITZKY. Illustrationen: ILON WIKLAND. Hamburg 1976

Märchen. Aus dem Schwedischen übersetzt von ANNA-LIESE KORNITZKY und KARL KURT PETERS. Illustrationen: ILON WIKLAND. Hamburg 1978

Erzählungen. Aus dem Schwedischen übersetzt von THYRA DOHRENBURG, SILKE v. HACHT, SENTA KAPOUN, ANNA-LIESE KORNITZKY und KARL KURT PETERS. Illustrationen: ROLF RETTICH. Hamburg 1979

Pippi Langstrump. Plattdüütsch navertellt vun FRIEDRICH HANS SCHAEFER. Illustrationen: WALTER SCHARNWEBER. Hamburg 1979

Ronja Räubertochter. Aus dem Schwedischen übersetzt von ANNA-LIESE KOR-NITZKY. Illustrationen: ILON WIKLAND. Hamburg 1982

ASTRID LINDGREN in Zusammenarbeit mit KRISTINA FORSLUND: Meine Kuh will auch Spaß haben. Aus dem Schwedischen übersetzt von ANNA-LIESE KOR-NITZKY. Hamburg 1991

4. Illustrierte Teilausgaben und Bilderbücher

Nils Karlsson-Däumling. Aus dem Schwedischen übersetzt von KARL KURT PE-TERS. Illustrationen: ILON WIKLAND. Hamburg 1957

Polly hilft der Großmutter. Aus dem Schwedischen übersetzt von KARL KURT PE-TERS. Illustrationen: ILON WIKLAND. Hamburg 1959

Tomte Tummetott. Aus dem Schwedischen übersetzt von der Verlagsredaktion. Illustrationen: HARALD WIBERG. Hamburg 1960

Kennst du Pippi Langstrumpf? Aus dem Schwedischen übersetzt von MARGOT FRANKE. Illustrationen: INGRID VANG NYMAN. Hamburg 1961

Weihnachten im Stall. Aus dem Schwedischen übersetzt von ANNA-LIESE KOR-NITZKY. Illustrationen: HARALD WIBERG. Hamburg 1961

Weihnachten in Bullerbü. Aus dem Schwedischen übersetzt von KARL KURT PE-TERS. Illustrationen: ILON WIKLAND. Hamburg 1963

Ich will auch in die Schule gehen. Aus dem Schwedischen übersetzt von SILKE v. HACHT. Illustrationen: MARGRET RETTICH. Hamburg 1964

Lustiges Bullerbü. Aus dem Schwedischen übersetzt von SILKE v. HACHT. Illustrationen: ILON WIKLAND. Hamburg 1965

Tomte und der Fuchs. Aus dem Schwedischen übersetzt von SILKE v. HACHT. Illustrationen: HARALD WIBERG. Hamburg 1965/66

Kindertag in Bullerbü. Aus dem Schwedischen übersetzt von KARL KURT PETERS. Illustrationen: ILON WIKLAND. Hamburg 1967

Jule und die Seeräuber. Aus dem Schwedischen übersetzt von THYRA DOHREN-BURG. Fotos: SVEN-ERIC DELÉR. Hamburg 1968

Herr Lilienstengel. Aus dem Schwedischen übersetzt von KARL KURT PETERS. Illustrationen: HANS-JOACHIM KRANTZ. Hamburg 1969

Der Räuber Fiolito. Aus dem Schwedischen übersetzt von KARL KURT PETERS. Illustrationen: ROLF RETTICH. Hamburg 1970

Pippi regelt alles. Aus dem Schwedischen übersetzt von der Verlagsredaktion. Illustrationen: INGRID VANG NYMAN. Hamburg 1970

Pippi zieht ein. Aus dem Schwedischen übersetzt von der Verlagsredaktion. Illustrationen: INGRID VANG NYMAN. Hamburg 1970

Pippi außer Rand und Band. Aus dem Schwedischen übersetzt von KARL KURT PETERS. Fotos: BO-ERIK GYBERG. Hamburg 1971

Pippi ist die Stärkste. Aus dem Schwedischen übersetzt von der Verlagsredaktion. Illustrationen: INGRID VANG NYMAN. Hamburg 1971

Pippi gibt ein Fest. Aus dem Schwedischen übersetzt von der Verlagsredaktion. Illustrationen: INGRID VANG NYMAN. Hamburg 1971

Pippi will nicht groß werden. Aus dem Schwedischen übersetzt von der Verlagsredaktion. Illustrationen: INGRID VANG NYMAN. Hamburg 1972

Pippi fährt zur See. Aus dem Schwedischen übersetzt von der Verlagsredaktion. Illustrationen: INGRID VANG NYMAN. Hamburg 1972

Na klar, Lotta kann radfahren. Aus dem Schwedischen übersetzt von THYRA DOH-RENBURG. Illustrationen: ILON WIKLAND. Hamburg 1972

Ich will auch Geschwister haben. Aus dem Schwedischen übersetzt von THYRA DOHRENBURG. Illustrationen: MARGRET RETTICH. Hamburg 1974

Allerliebste Schwester. Aus dem Schwedischen übersetzt von KARL KURT PETERS. Illustrationen: HANS ARNOLD. Hamburg 1974

Michel aus Lönneberga. Aus dem Schwedischen übersetzt von SENTA KAPOUN. Illustrationen: BJÖRN BERG. Hamburg 1976

Mehr von Michel aus Lönneberga. Aus dem Schwedischen übersetzt von SENTA KAPOUN. Illustrationen: BJÖRN BERG. Hamburg 1976

Lotta kann fast alles. Aus dem Schwedischen übersetzt von ANNA-LIESE KOR-NITZKY. Illustrationen: ILON WIKLAND. Hamburg 1977

Pippi plündert den Weihnachtsbaum. Aus dem Schwedischen übersetzt von SENTA KAPOUN. Illustrationen: ROLF RETTICH. Hamburg 1981

Ein Kalb fällt vom Himmel. Aus dem Schwedischen übersetzt von SENTA KA-POUN. Illustrationen: MARY RAHN. Hamburg 1983

Guck mal, Madita, es schneit. Aus dem Schwedischen übersetzt von SILKE V. HACHT. Illustrationen: ILON WIKLAND. Hamburg 1984

Klingt meine Linde. Aus dem Schwedischen übersetzt von ANNA-LIESE KOR-NITZKY. Illustrationen: SVEND OTTO S. Hamburg 1985

Pelle zieht aus. Aus dem Schwedischen übersetzt von SILKE V. HACHT, SENTA KAPOUN, ANNA-LIESE KORNITZKY, KARL KURT PETERS. Illustrationen: BJÖRN BERG, HARALD WIBERG, ILON WIKLAND. Hamburg 1985

Der Drache mit den roten Augen. Aus dem Schwedischen übersetzt von SENTA KAPOUN. Illustrationen: ILON WIKLAND. Hamburg 1986

Als Klein-Ida auch mal Unfug machen wollte. Aus dem Schwedischen übersetzt von ANNA-LIESE KORNITZKY. Illustrationen: BJÖRN BERG. Hamburg 1986

Michels Unfug Nummer 325. Aus dem Schwedischen übersetzt von ANNA-LIESE KORNITZKY. Illustrationen: BJÖRN BERG. Hamburg 1986

Nur nicht knausern, sagte Michel aus Lönneberga. Aus dem Schwedischen über-setzt von ANNA-LIESE KORNITZKY. Illustrationen: BJÖRN BERG. Hamburg 1987

Rupp Rüpel. Aus dem Schwedischen übersetzt von ANNE-LIESE KORNITZKY. Illu-strationen: ILON WIKLAND. Hamburg 1987

Der Räuber Assar Bubbla. Oder Um ein Haar hätte es kein Buch über Pippi Langstrumpf gegeben. Aus dem Schwedischen übersetzt von ANNA-LIESE KORNITZKY. Illustrationen: MARIKA DELIN. Hamburg 1988

Nein, ich will noch nicht ins Bett. Aus dem Schwedischen übersetzt von ANNA-LIESE KORNITZKY. Illustrationen: ILON WIKLAND. Hamburg 1989

Als der Bäckhultbauer in die Stadt fuhr. Aus dem Schwedischen übersetzt von SENTA KAPOUN. Illustrationen: MARIT TÖRNQVIST. Hamburg 1990

5. Fotobilderbücher

Noriko-San aus Japan. Fotos: ANNA RIWKIN-BRICK. Hamburg 1956

Sia wohnt am Kilimandscharo. Fotos: ANNA RIWKIN-BRICK. Hamburg 1958

Lasse aus Dalarna. Aus dem Schwedischen übersetzt von MARGOT FRANKE. Fotos: ANNA RIWKIN-BRICK. Hamburg 1959

Lilibet das Zirkuskind. Aus dem Schwedischen übersetzt von MARGOT FRANKE. Fotos: ANNA RIWKIN-BRICK. Hamburg 1960

Marko in Jugoslawien. Aus dem Schwedischen übersetzt von MARGOT FRANKE. Fotos: ANNA RIWKIN-BRICK. Hamburg 1962

Japi aus Holland. Aus dem Schwedischen übersetzt von MARGOT FRANKE. Fotos: ANNA RIWKIN-BRICK. Hamburg 1963

Randi aus Norwegen. Aus dem Schwedischen übersetzt von MARGOT FRANKE. Fotos: ANNA RIWKIN-BRICK. Hamburg 1965

Wanthai aus Thailand. Aus dem Schwedischen übersetzt von SILKE V. HACHT. Fotos: ANNA RIWKIN-BRICK. Hamburg 1967

Matti aus Finnland. Aus dem Schwedischen übersetzt von THYRA DOHRENBURG. Fotos: ANNA RIWKIN-BRICK. Hamburg 1969

ASTRID LINDGREN in Zusammenarbeit mit SVEN ERIC DELÉR und STIG HALLGREN: Jule und die Seeräuber. Aus dem Schwedischen übersetzt von THYRA DOHRENBURG. Fotos: SVEN ERIC DELÉR. Hamburg 1968

TAGE DANIELSSON: Ronja Räubertochter. Aus dem Schwedischen übersetzt von ANNA-LIESE KORNITZKY. Fotos: DENISE GRÜNSTEIN und JOAKIM STRÖMHOLM. Hamburg 1985

6. Sonstige Bücher, Reden und Beiträge in Zeitschriften oder Zeitungen

a) Bücher

5 automobil turer i Sverige. Motormännens Riksförbund. Karlshamn 1939

25 bilturer i Sverige. Karlshamn 1949

Das entschwundene Land. Aus dem Schwedischen übersetzt von ANNA-LIESE KORNITZKY. Hamburg 1977

ASTRID LINDGREN in Zusammenarbeit mit MARGARETA STRÖMSTEDT: Mein Småland. Aus dem Schwedischen übersetzt von ANNA-LIESE KORNITZKY. Fotos: JAN-HUGO NORMAN. Hamburg 1988

b) Reden und Beiträge

Deshalb brauchen die Kinder Bücher. Dankrede anläßlich der Verleihung der Hans-Christian-Andersen-Medaille, Florenz 1958. In: Oetinger Almanach 1. Hamburg 1963

Meine Lebensgeschichte. In: Oetinger Almanach 5. Hamburg 1967

Gibt es Bullerbü? In: Oetinger Almanach 5. Hamburg 1967

Der Mann in der schwarzen Pelerine. Botschaft anläßlich des Internationalen Kinderbuchtages 1969. In: Oetinger Almanach 8. Hamburg 1970

Liebeserklärung an meinen deutschen Verleger. In: Oetinger Almanach 9. Hamburg 1971

Drei Schweinchen im Apfelgarten. Zum 65. Geburtstag von Friedrich Oetinger. Berlin 1972

Über mein Buch Die Brüder Löwenherz. In: Oetinger Almanach 12. Hamburg 1974

Antwort auf Kinderbriefe. In: Oetinger Almanach 13. Hamburg 1975

Astrid Lindgren über Astrid Lindgren. Unser wunderbarer Leserkreis. Pomperipossa in Monesmanien. Alle in: Oetinger Almanach 15. Hamburg 1977

Niemals Gewalt. Rede zur Verleihung des Friedenspreises des Deutschen Buchhandels. In: Börsenblatt für den Deutschen Buchhandel, Sonderausgabe. Frankfurt 1978

Literatur für junge Leser. Rede zur Eröffnung der Ausstellung im Wiener Künstlerhaus. Wien 1979

Ganz gewiß – das Buch hat eine Zukunft. In: Jugendliteratur 3. 1984

7. Literatur über Astrid Lindgren

a) Gesamtdarstellung

STRÖMSTEDT, MARGARETA: Astrid Lindgren. En Levnadsteckning. Stockholm 1977

b) Aufsätze und Arbeiten in Auswahl

Es gibt in Deutschland bisher kaum wissenschaftliche Arbeiten über Astrid Lindgren, dafür eine große Anzahl von Beiträgen in Zeitschriften und Zeitungen und eine noch größere Anzahl von Rezensionen. Sie aufzuzählen führte schon deshalb zu keinem tieferen Verständnis des Werkes von Astrid Lindgren, als es sich in den überwiegenden Fällen um Zitate der Waschzettel oder der Presseunterlagen handelt, die Astrid Lindgrens Neuerscheinungen begleiten. So habe ich versucht, die Artikel und Zeitungsbeiträge zusammenzustellen, aus denen man auch erfährt, welches Echo Astrid Lindgrens Werk in den letzten Jahrzehnten in Deutschland hervorgerufen und wie sich die Haltung der deutschen Pädagogen und Journalisten immer wieder gewandelt hat.

AIBAUER, ROSA: Die Jugendschriftstellerin Astrid Lindgren und ihre Bücher. In: Pädagogische Welt, Donauwörth 1966

ALBRECHT, DAGMAR: Das Thema Tod in Astrid Lindgrens «Brüder Löwenherz», Magisterarbeit. Frankfurt 1980

ÅSBRINK, ERIKA: Wiedersehen mit Nangijala in: Oetinger Almanach 12. Hamburg 1974

Astrid Lindgren – Eine Jugendschriftstellerin von heute. In: Die Barke. Wien 1959

Astrid Lindgren. Rezeption in der Bundesrepublik. Hg. von RUDOLF WOLFF. Bonn 1986 (Sammlung Profile 10)

BÄCHLI, GERDA: Mio, mein Mio als Opernlibretto. In: Oetinger Almanach 10. Hamburg 1972

BAMBERGER, RICHARD: Jugendlektüre, Jugendschriftenkunde, Leseunterricht, Literaturerziehung. Wien 1965

–: Astrid Lindgren und das neue Kinderbuch. In: Oetinger Almanach 5. Hamburg 1967

–: Astrid Lindgren zum 70. Geburtstag. In: Jugend und Buch 26. 1977

BECKER, ANTOINETTE: Das Magische im Kinderbuch oder Hexen, Zauberer und ähnliche Wesen. In: Oetinger Almanach 8. Hamburg 1970

BECKER, GEROLD UMMO: Auf der Suche nach dem entschwundenen Land. In:

Astrid Lindgren, Ansprachen anläßlich der Verleihung des Friedenspreises des Deutschen Buchhandels. Frankfurt 1978

–: Ein Märchen ist es nicht – oder doch? Zu Astrid Lindgrens «Ronja Räubertochter». In: Oetinger Almanach 20. Hamburg 1982

BINDER, LUCIA: Jugendbuchautoren aus aller Welt. Wien 1975

–: Astrid Lindgren zum 70. Geburtstag. In: Oetinger Almanach 15. Hamburg 1977

DAHRENDORF, MALTE: Utopie und Wirklichkeit bei Astrid Lindgren. In: Oetinger Almanach 10. Hamburg 1972

DODERER, KLAUS: Dreimal Astrid Lindgren. In: Oetinger Almanach 10. Hamburg 1972

–: Von der Solidarität der guten Menschen in der desolaten Welt. In: Oetinger Almanach 16. Hamburg 1978

EDSTRÖM, VIVI: Die Angst in der schwedischen Kinder- und Jugendliteratur. In: Informationen des Arbeitskreises für Jugendliteratur, Beiheft Referate. München 1952

EVEBORN, SOL-BRITT: «Emil i Lönneberga» auf Deutsch. Eine Diskussion der wichtigsten Übersetzungsprobleme und ihre Lösung. Deutsches Institut der Universität, Seminararbeit. Stockholm 1971

EWALD, MATHILDE: Pippi in Taka-Tuka-Land. In: Bücherei und Bildung. Reutlingen 1951

FRAHM, INGE: Das Kinderbuch als Klassenlektüre dargestellt am Beispiel «Karlsson vom Dach». Pädagogische Hochschule, Freiburg i. Br. 1973

FUCHS, KARLHEINZ: Zurück in die Utopie. Zum Friedenspreis. In: Stuttgarter Nachrichten, 23. 10. 1978

FÜHRER, MARIE: Pippi Langstrumpf. Kinderäußerungen zu Astrid Lindgrens berühmtem Buch, tiefenpsychologisch betrachtet. In: Jugendliteratur 2. München 1956

GIACHI, ARIANNA: Ist der Tod ein Thema für Kinder? In: Die Welt, 10. 10. 1974

–: Pippi Langstrumpf auf dem Weg zum Klassiker. Astrid Lindgren wird 70. In: Frankfurter Allgemeine Zeitung, 15. 11. 1977

–: Märchen auf dem Stenoblock. In: Frankfurter Allgemeine Zeitung, 14. 10. 1978

GLASER, WOLFGANG: «Die Brüder Löwenherz» von Astrid Lindgren. In: Jugend und Buch. Wien 1975

GLOSSNER, HERBERT: Astrid Lindgren gegen ihre Verehrer verteidigt. In: Deutsches Allgemeines Sonntagsblatt, 30. 4. 1978

GOLLMITZ, RENATE und SCHMIDT, EGON (Hg.): Das Kinderbuch. Der Kinderbuchverlag Berlin 1971

HARTLAUB, GENO: Luftschlösser in einem entschwundenen Land. Astrid Lindgren, 70. In: Sonntagsblatt. Hamburg 25. 12. 1977

HENSER, WALTRAUD: Die Bücher Astrid Lindgrens Pippi Langstrumpf und Sammelaugust. In: Jugendliteratur 10. München 1955

HÜRLIMANN, BETTINA: Pippi Langstrumpf. In: Oetinger Almanach 5. Hamburg 1967

–: Brief an Astrid Lindgren, zum 65. Geburtstag. In: Oetinger Almanach 10. Hamburg 1972

–: Ein Totenmärchen? («Die Brüder Löwenherz») In: Neue Zürcher Zeitung, 7. 11. 1974

HUNSCHA, CHRISTA: Struwwelpeter und Krümelmonster. Die Darstellung der Wirklichkeit in Kinderbüchern und Kinderfernsehen. Frankfurt 1974

JENS, TILMAN: Traum vom Freistaat Lindgren. In: GEO. Hamburg 24. 11. 1986

JERSILD, P. C.: Die Kritik wiegt leicht («Die Brüder Löwenherz»). In: Dagens Nyheter, 24. 12. 1973

JESSEN, KARSTEN: Friedenspreis des Deutschen Buchhandels für Astrid Lindgren. In: Ausblick Heft 3/4, Dezember 1978

JOSEFSSON, BIRGITTA: Ein hohes Lied des Lebens, der Freiheit und des Friedens

(«Ronja Räubertochter»). In: Göteborg Tidingen, 8. 10. 1981

KIRSCH, HANS-CHRISTIAN: Laudatio für Astrid Lindgren. In: Astrid Lindgren. Ansprachen anläßlich der Verleihung des Friedenspreises des Deutschen Buchhandels. Frankfurt 1978

–: Astrid Lindgren und der Frieden. In: Oetinger Almanach 16. Hamburg 1978

KORNITZKY, ANNA-LIESE: Ich war wohl klug, daß ich dich fand. In: Oetinger Almanach 15. Hamburg 1977

KRÜGER, ANNA: Wunschträume der Kinder als Motive phantastischer Geschichten. In: Oetinger Almanach 3. Hamburg 1965

–: Astrid Lindgren – Lillebror und Karlsson vom Dach. In: Kinder- und Jugendbücher als Klassenlektüre. Weinheim, Basel 1973

KRÜSS, JAMES: Trinkspruch für ein 65 Jahre junges Kind. In: Oetinger Almanach 10. Hamburg 1972

–: Astrid Lindgren zum 75. In: Oetinger Almanach 20. Hamburg 1982

KÜNNEMANN, HORST: Profile zeitgenössischer Bilderbuchmacher. Weinheim, Basel 1972

LARESE, DINO: Astrid Lindgren. In: Im Zeichen des Hans Christian Andersen. Amriswiler Bücherei. Amriswil 1968

LARSON, LORENTZ: Astrid Lindgren. In: Kinder- und Jugendbücher in Schweden, 1945–1965. Svenska Institutet. Stockholm 1966

LAUB, GABRIEL: Delegierte der Children's Lib. In: Spielen Sie Detektiv. Reinbek 1976

LEBERT, URSULA: Was wäre unsere Kindheit ohne ihre Bücher. A. L. zum 75. In: Brigitte. Hamburg 1982

LEMKE, GERTRAUD: Das Buch im Gespräch. Astrid Lindgren: Lillebror und Karlsson vom Dach. In: Jugendschriften-Warte. Frankfurt am Main 1957

LICHTENBERGER, WALDEMAR: Astrid Lindgrens Jugendbücher in psychologischer Schau. In: Schule und Psychologie. München 1968

Lindgren – kritisch. In: Bulletin Jugend + Literatur. Hamburg 1974

LUSSNIGG, WILLY: Klingt meine Linde, singt meine Nachtigall? In: Jugend und Buch. Wien 1967

MAASS, WINFRIED: Wenn Herr Lilienstengel kommt. In: Stern 42. Hamburg 1978

MAEFFERT-HOFFMANN, VERENA: Die Tochter des Räuberhauptmanns. In: Emma 2. Hamburg 1983

MARSYAS (i. e. Herbert Wendt): Revolution in der Kinderstube? In: Die neue literarische Welt 23. Frankfurt am Main 1952

Der Michel ist mein Lieblingskind. In: Deutsches Fernsehen / ARD 41. Hamburg 1980

MOBERG, EVA: Ich dachte zuerst, das schaffe ich nicht, sagte Ilon Wikland. In: Oetinger Almanach 15. Hamburg 1977

MÖNCKEBERG, VILMA: Das Märchen und unsere Welt. Düsseldorf und Köln 1972

MÜLLER, RICHARD G. E.: Das Kinderreich der Pippi Langstrumpf. In: Praxis der Kinderpsychologie. Göttingen 1968

NÖSTLINGER, CHRISTINE: Ihr Publikum: Kinder. In: Die Zeit. Hamburg 20. 10. 1978

OETINGER, FRIEDRICH: Meine erste Begegnung mit Astrid Lindgren. In: Oetinger Almanach 15. Hamburg 1977

OLENIUS, ELSA: Astrid Lindgren, das Bild einer Freundin. In: Oetinger Almanach 5. Hamburg 1967

OPPENS, EDITH: Astrid Lindgren. In: Die Welt. Hamburg 9. 5. 1957

ORTH, MARIA: Pippi war zunächst ein Wagnis. Zum 40. Jubiläum des Oetinger Verlages. In: Hamburger Abendblatt. Hamburg 12. 6. 1986

PALMGREN, CHRISTINA: Dieser Tag ein Leben. Gespräch mit Astrid Lindgren. In: Vi. Stockholm 1982

PIRSCHER, HELGA: Mädchengestalten bei Astrid Lindgren. Zulassungsarbeit PH Dortmund. Dortmund 1975

PREUSSLER, OTFRIED: Lieber Herr Karlsson vom Dach. In: Oetinger Almanach 10. Hamburg 1972

REGAMEY, CONSTANTIN: Musik zu Mio, mein Mio. In: Oetinger Almanach 10. Hamburg 1972

RÖNNAU, HELGA: Die Bewohner der Villa Kunterbunt. In: Sonntagsblatt. München 1964

RUTZ, ALEXANDER: Wo liegt Bullerbü? In: Coburger Tageblatt. 23. 10. 1971

SALZER, E. MICHAEL: Für Kinder schreiben. In: Westermanns Monatshefte 11. Braunschweig 1973

–: Immer auf der Seite der Kinder. In: Die Zeit 46. Hamburg 1977

SCHERF, WALTER: Hommage an A. L. In: Oetinger Almanach 16. Hamburg 1978

SCHINDLER, P. J.: Kinder müssen Freude haben. In: Oetinger Almanach 1. Hamburg 1963

–: Dann kam Astrid Lindgren. Zum 60. Geburtstag. In: Oetinger Almanach 5. Hamburg 1967

SCHMIDT-BIESALSKI, ANGELIKA: Befreiung durch Träume. In: Oetinger Almanach 20. Hamburg 1962

SCHMITZ, JESSICA: Berichte über eine Diskussion in der Internationalen Jugendbibliothek, München am 11. 10. 1974. In: Oetinger Almanach 13. Hamburg 1975

SCHÖNFELDT, SYBIL GRÄFIN: Die Hexe aus der heilen Welt. In: Die Zeit 13. Hamburg 22. 3. 1974

–: Die Kinderliteratur und die Frauen. In: Oetinger Almanach 13. Hamburg 1975

–: Das Geheimnis des Einfachen. In: Oetinger Almanach 15. Hamburg 1977

–: Astrid Lindgren – ungeschützte Offenheit. Laudatio für das Börsenblatt für den Deutschen Buchhandel. In: Ausgabe Frankfurter Buchmesse. Frankfurt 1978

–: Immer auf der Seite der Kinder. In: Zeit-Magazin 15. Hamburg 4. 4. 1986

SEEHAFER, KLAUS: Das Land jenseits der Idylle. In: Stuttgarter Zeitung vom 10. 10. 1974

SELGE, MARTIN: Ein neuer Ruch im Kinderbuch. Zu A. L.s «Ronja Räubertochter». In: Oetinger Almanach 20. Hamburg 1982

SELGE, MARTIN, und KARIN SELGE: Astrid Lindgren «Niemals Gewalt», sieben- und achtjährige Schüler erzählen, schreiben und malen. In: Oetinger Almanach 20. Hamburg 1982

So ein Kopf, proppenvoll mit Einfällen. In: Spiegel 9. Hamburg 23. 2. 1987

SPECOVIUS, GÜNTHER: Eine große Dichterin für kleine Leser. In: Die Zeit. Hamburg 26. 4. 1956

STARKMANN, ALFRED: Gottlob hat Nangijala wieder einen Kneipenwirt (Friedenspreis). In: Die Welt. Hamburg 23. 9. 1978

STRÄNG, GUNNAR (schwedischer Finanzminister): Ein ernstes Problem. In: Svenska Dagbladet. Stockholm 13. 3. 1976

STREPEN, KAT OP DER: Die Brüder Löwenherz: Ein Horror-Trip. In: Münchner Merkur. München 21. / 22. 12. 1977

STROBEL, CHRISTEL, und LUKASZ-ADEN, GUDRUN: Astrid Lindgren: Meine Bücher werden nicht weniger gelesen… In: Fundevogel 19. 1985

TABBERT, REINBERT: Astrid Lindgren – Leben, Werk und Leserschaft. In: Das gute Jahrbuch 1. Heilighaus 1975

TESAREK, ANTON: Mio, mein Mio. In: Oetinger Almanach 5. Hamburg 1967

TETZNER, LISA: Liebeserklärung an Pippi. In: Jugendschriften-Warte 11. Frankfurt am Main 1953

ZACHARIAS, CARNA: Die Erwachsenen sind mir ganz egal. In: Abendzeitung 125. München 2. 6. 1978

ZWEIGBERGK, EVA V.: 22 Gespräche über Literatur. Stockholm 1959

–: Genau wie im Märchen. In: Industria, Sonderausgabe. Stockholm 1965

156

Namenregister

Die kursiv gesetzten Zahlen bezeichnen die Abbildungen

Über die Autorin

Sybil Schlepegrell, geborene Gräfin Schönfeldt, Jahrgang 1927, lebt in Hamburg. Sie studierte Germanistik, Kunstgeschichte und Englisch in Göttingen, Hamburg und Wien und schrieb eine Dissertation «über Formprobleme in der Lyrik Josef Weinhebers». Sie wurde Redakteurin und arbeitet seit der Geburt ihrer Söhne als freie Journalistin und Schriftstellerin und Übersetzerin für Zeitungen, Zeitschriften, Buchverlage, Funk und Fernsehen. Jüngste Buchveröffentlichungen: «Gewußt wie!» Photo-Sachbuch (1986), «Literaturbox» Anthologie (1986), Dahl: «Hexen hexen» Übersetzung (1985).

Quellennachweis der Abbildungen

Lars Söderbom: 6/Aus: Margareta Strömstedt, Astrid Lindgren, Stockholm 1977: 9, 10, 12, 20, 28, 34, 36, 42, 51 o., 108, 110/111/Illustrationsfoto Walter Pöppel: 26, 46/47/Keystone: 43, 51 u., 127 o./Nils Bjaland: 70/dpa: 114, 126, 127 u. 137/Visum (Foto: Jo Röttger): 88 o., 88 u., 96/97, 136, Umschlag-Vorderseite/Aus: Tage Danielsson, Ronja Räubertochter: 124, 135/Deutsche Kinemathek, Berlin: Umschlag-Rückseite

Alle übrigen Bilder stellte uns Astrid Lindgren zur Verfügung, dafür unseren besonderen Dank.

Ein Gesamtverzeichnis der Reihe rororo *bildmonographien* finden Sie in der *Rowohlt Revue*. Jedes Vierteljahr neu. Kostenlos. In Ihrer Buchhandlung.

Literatur

rororo bildmonographien

Rowohlts bildmonografien mit Selbstzeugnissen und Bilddokumenten. Begründet von Kurt Kusenberg, herausgegeben von Wolfgang Müller.

Eine Auswahl:

Franz Kaffka
dargestellt von Klaus Wagenbach
(091)

Heinar Kipphardt
dargestellt von Adolf Stock
(364)

David Herbert Lawrence
dargestellt von Richard Aldington
(051)

Gotthold Ephraim Lessing
dargestellt von Wolfgang Drews
(075)

Jack London
dargestellt von Thomas Ayck
(244)

Molière
dargestellt von Friedrich Hartau
(245)

Marcel Proust
dargestellt von Claude Mauriac
(015)

Ernst Rowohlt
dargestellt von Paul Mayer
(139)

Sappho
dargestellt von Marion Giebel
(291)

Friedrich Schlegel
dargestellt von Ernst Behler
(014)

Arno Schmidt
dargestellt von Wolfgang Martynkewicz
(484)

Theodor Storm
dargestellt von Hartmut Vinçon
(186)

Jules Verne
dargestellt von Volker Dehs
(358)

Oscar Wilde
dargestellt von Peter Funke
(148)

Émile Zola
dargestellt von Marc Bernard
(024)

Stefan Zweig
dargestellt von Hartmut Müller
(413))

rororo bildmonographien

Ein Gesamtverzeichnis der Reihe rororo *bildmonographien* finden Sie in der *Rowohlt Revue*. Jedes Vierteljahr neu. Kostenlos. In Ihrer Buchhandlung.